Johann Friedrich Oltmanns

Über die Wasserbewegung in der Moospflanze

und ihren Einfluss auf die Wasserverteilung im Boden

Johann Friedrich Oltmanns

Über die Wasserbewegung in der Moospflanze
und ihren Einfluss auf die Wasserverteilung im Boden

ISBN/EAN: 9783744601955

Hergestellt in Europa, USA, Kanada, Australien, Japan

Cover: Foto ©ninafisch / pixelio.de

Weitere Bücher finden Sie auf **www.hansebooks.com**

Ueber die

Wasserbewegung in der Moospflanze

und ihren Einfluss

auf die Wasservertheilung im Boden.

Inaugural-Dissertation

der

mathematischen und naturwissenschaftlichen Facultät

der

Kaiser-Wilhelms-Universität Strassburg

zur Erlangung der Doktorwürde

vorgelegt von

Friedrich Oltmanns
aus Oberndorf.

Mit zwei lithographirten Tafeln.

Breslau,
Druck von Robert Nischkowsky.
1884.

Ueber die Wasserbewegung in der Moospflanze und ihren Einfluss auf die Wasservertheilung im Boden.

Von

Friedrich Oltmanns.

Hierzu Tafel I. und II.

Der Einfluss der Laub- und Moosdecke des Waldbodens auf die Wasservertheilung in diesem ist seitens der Praktiker vielfach Gegenstand der Erörterung gewesen und kommt bei jeder grösseren Ueberschwemmung von neuem zur Sprache. An den Botaniker tritt daher jedesmal die Frage, wie sich der lebende Moosrasen bezüglich der Wasseraufnahme und Wasservertheilung verhält.

Eine Umschau in der Litteratur zeigt, dass diese Frage noch offen ist. Veranlasst durch eine von der mathematischen und naturwissenschaftlichen Facultät zu Strassburg gestellte Preisaufgabe unternahm ich daher die vorliegende Arbeit.

I. Historisches.

Naturgemäss interessirte den Forstmann vorzugsweise die Frage nach der Erhaltung der Nährkraft des Bodens durch die Streudecke. Wir finden daher diesen Punkt in allen Arbeiten über die Waldstreu mit Vorliebe behandelt; was über die physikalischen Eigenschaften der Streu, speciell der Moosstreu gesagt wird, beschränkt sich auf das, was a priori jedem klar war, der mit gesundem Blick die Sache betrachtet. Alle Forstleute waren darüber einig, dass die Moosdecke im Walde von hohem Werth sei. Angeregt durch Rettstadt entspann sich jedoch ein Streit[1]) um die Moosvegetation der Nadelholzbestände. Mit guten und schlechten Gründen wurde für und wider die Moose gestritten. Da jedoch keine Versuche angestellt wurden, mag der Hinweis auf diese Erörterungen genügen.

---

[1]) Alle darauf bezüglichen Schriften finden sich in der Monatsschrift für Forst- und Jagdwesen von Baur. Jahrg. 1868—1870.

Der erste, welcher die Frage nach der Bedeutung der Moosdecken für die Wasservertheilung experimentell behandelte, war Gerwig[1]). Derselbe nahm Rasen, welche theils aus einer einzigen Species von *Hypnum*, *Hylocomium*, *Dicranum* etc., theils aus verschiedenen, zusammenwachsenden Arten gebildet wurden, wusch sie, um sie von anhängender Erde zu befreien und legte sie auf ein etwa um 45" geneigtes Brett. Nach Verlauf von einer halben Stunde war das überschüssige Wasser abgelaufen. Die Rasenstücke, deren Grösse bekannt war, wurden gewogen und die Wägungen in bestimmten Zeitabschnitten wiederholt, bis sich die Moose ganz trocken anfühlten, was nach 12 Tagen der Fall war. Es zeigte sich, dass die eine Fläche von 1 qm überziehende Moosvegetation im Durchschnitt 5,66 kg wog, und dass das Gewicht nach 12 Tagen noch 21% des am Anfang des Versuches beobachteten betrug.

Daraus lässt sich berechnen, dass das aufgenommene Wasser einer Schicht von 4,5 mm Höhe entspricht.

Für dicke, vollkommen durchnässte Moosrasen, wie sie im Gebirge oft vorkommen, schätzt Gerwig die darin enthaltene Wassermenge auf eine Schicht von 10 mm Höhe.

Indem Gerwig weiter eine bestimmte Menge lufttrocknen Mooses eine Minute in Wasser hielt, dann vier Minuten abtropfen liess und wog, fand er, dass dasselbe etwa das Sechsfache seines Gewichts an Wasser aufgenommen hatte. Wenn die Rasen 10 Minuten im Wasser verweilten, fand keine erhebliche Gewichtszunahme mehr statt, ein Beweis, dass sie sich sehr rasch mit Wasser zu sättigen vermögen.

Aus den Resultaten seiner Beobachtungen zieht Gerwig dann den Schluss, das der Moosrasen im Stande ist, grosse Wassermengen am Abfliessen von den Abhängen zu verhindern.

Der Schluss ist berechtigt; zu bemerken ist jedoch, dass die aus ihrem Verbande losgelösten Rasenstücke offenbar viel rascher austrockneten, als das in Wirklichkeit der Fall ist; später zu erwähnende Versuche sprechen dafür. Bedenklich ist es ferner, durch das Gefühl die völlige Lufttrockenheit der Moose zu constatiren. Endlich ist es nicht sicher, dass nach einer halben Stunde im ersten, nach vier Minuten im zweiten Falle wirklich alles überschüssige Wasser abgetropft war, dass also die gefundenen Zahlen genau sind.

Ausgerüstet mit dem umfangreichen Beobachtungsmaterial der bayerischen Forststationen, das durch eigene Untersuchungen noch ver-

---

[1]) Gerwig, Ueber die Bedeutung der Moose für die Wasservertheilung auf der Erdoberfläche. Förster's Allgemeine Bauzeitung 1862, pag. 117—119.

mehrt wurde, lieferte Ebermayer[1]) einen weiteren Beitrag zur Erledigung unserer Frage.

Die Evaporationsapparate[2]), mit denen auf den Stationen gearbeitet wurde, bestanden aus einem Kasten von Zinkblech, welcher mit einem siebartig durchlöcherten Doppelboden versehen war. Mit diesem Kasten stand ein Gefäss in Verbindung, welches durch eine ähnliche Einrichtung, wie bei den sog. Flaschen- oder Sturzlampen, Wasser stets auf dem Niveau des Doppelbodens hielt. Es wurden zwei Kasten, mit Erde gefüllt, im Walde unter einem Dach neben einander aufgestellt und der eine mit derjenigen Streu bedeckt, welche sich in der betreffenden Waldung fand. Nachdem die Erde sich mit Wasser gesättigt hatte, wurde eine gemessene Wassermenge in das Gefäss gebracht, nach Ablauf von 14 Tagen das noch vorhandene Wasser abgelassen und gemessen; aus der Differenz berechnete man die Verdunstung. Die Beobachtungen wurden von April bis Ende September angestellt und während dieser Zeit an den Apparaten nichts geändert.

Das fünfjährige Mittel ergiebt[3]), dass der Wasserverlust des von Streu überlagerten sich zum Wasserverlust des streufreien Waldbodens verhält wie 22 : 47, d. h. während aus einer unbedeckten Fläche im Walde 100 Volumina Wasser verdunsten, verliert eine bedeckte nur 47 Vol. Dies ist das Mittel aus allen Beobachtungen, mögen sie sich auf Laubstreu oder auf Moosrasen beziehen. Auf der Station Altenfurth wurden die Beobachtungen mit den letzteren angestellt[4]). Nach Ebermayers Angaben[5]) berechnete ich, dass hier von einem mit Moosen bewachsenen Substrat 41 Vol. Wasser abgegeben wurden, wenn man die Verdunstung des moosfreien Waldbodens gleich 100 setzt.

Die Beobachtungen können, wie Ebermayer[6]) richtig ausführt, nur relative Zahlen geben, da die Erde in den Apparaten zusammensinkt und sich in Folge dessen Aufnahme und Abgabe von Wasser ändert. Der Wasserverlust nimmt mit der Zeit ab.

Aus meinen später zu besprechenden Beobachtungen geht hervor, dass, abgesehen von gewissen Ausnahmen, die Moose dem Substrat kein Wasser in nachweisbaren Mengen entziehen, dass daher, so lange sie feucht sind, die Verdunstung aus dem Boden eine äusserst geringe ist.

---

[1]) Ebermayer, Die physikalischen Einwirkungen des Waldes auf Luft und Boden. 1873. Ders.: Die gesammte Lehre der Waldstreu. 1876.

[2]) Ebermayer, Phys. Einw. p. 17.

[3]) Ebermayer, Waldstreu p. 185.

[4]) Ebermayer, Phys. Einw. pag. 9.

[5]) Ders.: Waldstreu, Tabelle VIIa.

[6]) Ders.: Waldstreu, pag. 185. Anmerk.

Nach Beschickung der Apparate musste das dazu verwandte Moos bald trocken werden oder war beim Beginn des Versuches schon trocken. Die gefundenen Zahlen, welche angeben, wieviel Wasser aus der mit diesem trocknen Material überdeckten Erde verdunstet, können richtig sein für Zeiten anhaltender Dürre. Die Wassermengen, welche während des Sommers aus einem Boden mit dichter Moosvegetation an die Luft abgegeben werden, bleiben in Wirklichkeit jedenfalls weit hinter den von Ebermayer angegebenen Zahlen zurück, da jeder Regen die Verdunstung für eine gewisse Zeit auf ein Minimum herabdrückt.

Um die wasserfassende Kraft, d. h. das Absorptionsvermögen der Streu zu ermitteln[1]), wurde dieselbe vollkommen lufttrocken in ein Blechgefäss eingedrückt und das Gewicht des Ganzen bestimmt. Die Streu wurde darauf in einen weitmaschigen Sack gebracht, blieb zwei Tage lang in Wasser völlig untergetaucht und wurde, nachdem das überschüssige Wasser abgetropft war, zur Wägung wieder in den früheren Behälter gebracht. Es stellte sich heraus, dass 100 Theile lufttrocknen Mooses in dieser Weise behandelt 282,7 Theile Wasser absorbiren.

Ebermayer constatirte[2]), dass Moos, welches in der beschriebenen Weise noch länger als zwei Tage im Wasser blieb, eine nicht unerhebliche Gewichtszunahme erfährt. Es ist anzunehmen, dass dasselbe, wenn es sich in natürlichen Verhältnissen befindet, nach mehr als zweitägigem Aufenthalt im Wasser gesättigt ist. Diese Thatsache, die auch nicht mit Gerwigs Beobachtungen übereinstimmt, ist nur dadurch erklärlich, dass die Pflänzchen in den Säcken verhältnissmässig dicht zusammengepresst waren.

Als ein Fehler muss es bezeichnet werden, wenn die Untersuchungsobjecte in das Gefäss eingedrückt und später in den Sack gestopft wurden; denn weil in jedem einzelnen Falle die Moospflänzchen verschieden dicht gelagert waren und ausserdem kreuz und quer durch einander geworfen wurden, war keine Garantie mehr dafür vorhanden, dass die Wasseraufnahme gerade so erfolgte als ob sich die Pflänzchen im natürlichen Zusammenhang des Rasens befänden.

Gerwigs Methode war kaum besser als Ebermayers, daher erklären sich die erheblichen Differenzen zwischen den Angaben beider.

Schliesslich wurde noch die Zeit bestimmt[3]), welche die Streu gebrauchte, um lufttrocken zu werden. Die von mehrtägigem Regen

---

[1]) Ebermayer, Waldstreu p. 176.
[2]) Ebermayer, Waldstreu Tab. VIa.
[3]) Ebermayer, Waldstreu p. 181.

durchnässten Moose wurden in der oben erwähnten Weise in dem Gefässe gewogen, dann in einem Zimmer ausgebreitet und jeden Tag wieder zur Ausführung der Wägungen in das Gefäss gebracht. Nach etwa drei Wochen waren sie lufttrocken. Der Feuchtigkeitsgehalt betrug [1]) am Anfang 70% des Gewichts des nassen Materials. Dasselbe enthielt lufttrocken noch 14,5% Wasser.

Diese Versuche tragen den natürlichen Verhältnissen insofern nicht Rechnung, als durch das tägliche Ausbreiten bald diese, bald jene Theile an die Oberfläche kommen mussten und so die Verdunstung beschleunigt wurde. Andere Ungenauigkeiten, welche in der Methode liegen, wurden wohl durch die grossen Mengen ausgeglichen, mit denen man arbeitete.

In seinen Untersuchungen über Moosdecken erörtert Riegler [2]) zunächst die Durchlässigkeit derselben für Wasser. Das Wichtigste in den Auseinandersetzungen scheint mir Folgendes zu sein: Die *Sphagnum*-Rasen bilden im vollkommen gesättigten Zustande kaum ein Hinderniss für Wasser, dasselbe filtrirt einfach hindurch, z. B. waren 70% des auf einen solchen gespritzten Wassers schon nach 10 Minuten durchgetropft. Ist dagegen der Rasen trocken, oder unvollkommen gesättigt, so wird ein Theil des darauf fallenden Wassers von demselben aufgesogen. Um sich über diesen Vorgang eine Anschauung zu'bilden, drückte Riegler lufttrocknes *Sphagnum* in ein cylindrisches Blechgefäss, das mit einem Siebboden versehen war. Jeden Tag wurde ein Quantum Wasser, welches einer Schicht von 1 cm Höhe entsprach, mit einer Spritzflasche darauf gebracht und die durchgesickerten Mengen bestimmt. Es zeigte sich, dass in den ersten drei Tagen ein grosser Theil zurückgehalten wurde (am dritten Tage am meisten), dass aber auch am achten Tage noch eine geringe Absorption von Wasser durch die Moose stattfand.

Bringt man das Wasser mittelst eines Zerstäubers auf die Rasen, so wird dasselbe anfänglich weit stärker absorbirt, als beim ersten Versuch.

Beide (wohl zu erwartenden) Resultate beweisen, dass es — gleiche Regenmengen vorausgesetzt — von der Form der Niederschläge abhängt, wieviel Wasser in den Boden gelangt und wieviel im Moosrasen zurückgehalten wird; natürlich nur so lange derselbe nicht gesättigt ist.

---

[1]) Ebermayer, Waldstreu, Tabelle VIb.

[2]) Riegler, Beiträge zur Lehre von den Moosdecken und von der Waldstreu. Mittheilungen aus dem forstl. Versuchswesen Oesterreichs, von v. Seckendorff. Band II. p. 200 und folg.

Zu den Versuchen über die wasserfassende Kraft der Streu bemerkt Riegler ganz richtig, dass es nicht gleichgültig sei, wie die einzelnen Theile gelagert sind, wendet aber doch das Ebermayer'sche Verfahren an, nur nimmt er statt des Sackes einen Cylinder aus feinem Drahtgewebe und lässt die Moose während des ganzen Versuches in demselben. Das Material, mit welchem gearbeitet wurde, hatte mehrere Monate trocken gelegen, die Moose waren also wahrscheinlich todt. *Leucobryum* absorbirte am meisten, *Polytrichum formosum* am wenigsten. 100 Theile von *Sphagnum acutifolium* enthielten 482 Theile Wasser. Frische, durch mehrtägigen Regen vollkommen getränkte *Sphagnum*-Rasen, welche vom Boden losgelöst und sofort gewogen wurden, ergaben einen Wassergehalt von 631%. Riegler folgert daraus, dass lebendes *Sphagnum* mehr Wasser aufnimmt als todtes. Das dürfte jedoch kein Beweis gegen meine, diesem widersprechenden Resultate sein, da die von Riegler angeführten Zahlen aus ganz verschiedenartigen Versuchen resultiren.

Wenn Riegler „gejätetes" *Polytrichum* in den Gittercylinder eindrückte, so lässt das die oben erwähnten Fehler der Untersuchungsmethode besonders klar hervortreten. Vergegenwärtigt man sich Habitus und Vorkommen unserer *Polytrichum*-Arten, so wird man kaum glauben, dass Riegler's Resultate auch nur annähernd der Wirklichkeit entsprechen.

Das von einer bestimmten Streufläche verdunstete Wasserquantum mass Riegler, indem er Krystallisirschalen mit verschiedenen Streusorten beschickte und mit Wasser stets gesättigt hielt. (Auf welche Weise das letztere geschah, wird nicht gesagt.) Die täglich ausgeführten Wägungen ergaben, dass ein *Sphagnum*-Rasen etwa doppelt so viel abgiebt, als eine Wasserfläche von gleicher Grösse. Ich fand dagegen, dass die Verdunstungsgrössen von *Sphagnum cymbifolium* und Wasser sich verhalten wie 5 : 1.

Später liess Riegler alles überflüssige Wasser aus den Schalen abtropfen, bestimmte darauf täglich die Verdunstung und fand, dass die 4 cm dicke Schicht nach 35 Tagen lufttrocken war, während Quarzsand nach 10 Tagen keinen Gewichtsverlust mehr erkennen liess.

Ausserdem wurden, um die Austrocknungszeit zu bestimmen, von verschiedenen Arten 500 g in Säckchen von feinmaschigem Netzstoff gebracht und mit Wasser vollkommen getränkt. Die Säckchen wurden neben einander aufgehängt und jeden Tag gewogen. Die Rasen von verschiedenen Moosarten sind bei gleichem Gewicht doch nicht gleich gross. Die Austrocknung muss aber um so langsamer vor sich gehen je grösser der Raum ist, welchen der zum Versuch verwandte Rasen einnimmt. Es handelt sich selbst für die Praxis auch nicht darum, wieviel ein Moosrasen von bestimmtem Gewicht, sondern darum, wieviel ein solcher von bestimmter Oberfläche und Dicke an Wasser abgiebt. Die von Riegler gewonnenen Resultate haben daher für uns weniger Interesse.

Die Frage nach der Wirkung der Streu auf das Substrat suchte Riegler auf folgende Weise zu beantworten: Cylindrische Gefässe [1]) von Zinkblech waren in bestimmten Höhen mit Röhrenansätzen versehen, welche mit einem Stopfen verschlossen werden konnten. Die Gefässe wurden mit gleichmässig körnigem Quarzsande gefüllt, dann wurden Moose darauf gelegt und festgedrückt. Die Feuchtigkeit des Sandes wurde in den verschiedenen Höhen untersucht, indem man aus den Gefässen mittelst eines Löffelbohrers Proben entnahm und deren Trockengewicht mit Hülfe des Thermostaten bestimmte. Diese Untersuchung wiederholte Riegler einmal in jedem Monate. In einem Gefäss blieb der Sand frei, in einem zweiten wurde er mit *Hypnum*, in einem dritten mit lufttrocknem und in einem vierten mit nassem *Sphagnum* bedeckt.

Die Versuche ergaben, dass die Austrocknung der Erde unter dem Moosrasen erheblich langsamer vor sich geht, als die Austrocknung des unbedeckten Bodens. Die Differenzen zwischen *Hypnum*- und lufttrocknem *Sphagnum*-Rasen sind unerheblich. Dagegen nahm die Feuchtigkeit in den obersten Schichten des Sandes, welcher mit lufttrocknem *Sphagnum* bedeckt war, nach zwei Monaten nicht mehr ab, während sich das Gleiche für das Gefäss mit nassem *Sphagnum* erst nach drei Monaten nachweisen liess.

Von dem gesammten, am Anfang des Versuchs vorhandenen Wasser hatte der Sand nach Ablauf von sieben Monaten abgegeben:

mit *Hypnum* bedeckt . . 57,3%
mit lufttrocknem *Sphagnum* 54,6%
mit nassem *Sphagnum* . . 44,5%

Aus diesen Versuchen folgert Riegler, dass die Moose dem Boden nicht gewaltsam Wasser entziehen, oder doch nur dann, wenn ein grosser Ueberschuss davon vorhanden ist.

Eine zweite Versuchsreihe wurde angestellt, mit dem einzigen Unterschiede, dass die Moosbedeckungen jeden zweiten oder dritten Tag mit Wasser bestäubt wurden.

Der Erfolg war, dass aus dem unter dem *Sphagnum*-Rasen befindlichen Sande wenig Wasser abdunstete, dass aber auch keine Feuchtigkeit

---

[1]) Abbildung bei Riegler, l. c. p. 223.

aus dem Rasen in den Boden gelangte. (Das letztere geschah offenbar, weil das von oben zugeführte Wasser zur Sättigung des Mooses nicht ausreichte.) Der mit *Hypnum* bedeckte Sand verlor 27,8%, der mit *Sphagnum* bedeckte 6,3% des anfänglich vorhandenen Wassers. Nach den Resultaten der ersten Versuchsreihe werden die der zweiten kaum überraschen. Nachdem einmal festgestellt war, dass die Moose dem Boden kein Wasser entziehen, bedurfte es wohl kaum dieses Nachweises, um zu zeigen, dass nasse Moosrasen die Verdunstung aus dem Substrat erheblich stärker herabdrücken, als trockne; es ging das ausserdem unmittelbar aus den Beobachtungen hervor, welche an den mit nassem und mit lufttrocknem *Sphagnum* beschickten Apparaten gemacht waren.

Im Uebrigen dürfte es nicht räthlich sein, zu Untersuchungen, durch welche die Bedeutung der Moosdecken für die Feuchthaltung des Waldbodens eruirt werden soll, *Sphagna* zu verwenden, da dieselben fast nur an Orten vorkommen, welche durch das Bodenwasser fortwährend nass gehalten werden.

Fast alle Versuche von Gerwig, Ebermayer und Riegler ergeben, wie ich mehrfach hervorgehoben habe, deswegen kein ganz vollkommenes Bild von dem Verhalten der Moosvegetation zum Wasser, weil in ihnen die natürliche Lage der Pflänzchen zu wenig berücksichtigt wurde.

Sehen wir uns in der botanischen Litteratur nach Arbeiten um, welche die Physiologie der Moose, speciell die uns hier interessirende Frage nach der Wasserleitung derselben berücksichtigen, so mag zunächst Neckers Physiologia muscorum erwähnt werden. Allerdings fasst Necker unter dem Namen Moos die Flechten, Lebermoose, Laubmoose und sogar Lycopodien zusammen, so dass man nicht behaupten darf, dass sich seine Angaben nur auf die Laubmoose beziehen. Er hatte aber offenbar annähernd richtige Anschauungen über das Verhalten derselben zum Wasser, unter anderem erwähnt er [1]), dass Moose mit dem unteren Theil in Wasser gestellt nur soweit turgescent bleiben, als sie sich im Wasser befinden.

Lesquereux [2]) stellte Untersuchungen über die Torfmoore an und äussert sich bei dieser Gelegenheit auch über die Biologie der *Sphagnen*.

---

[1]) Necker, Physiologia muscorum 1774, pag. 93.
[2]) Lesquereux, Untersuchungen über die Torfmoore im Allgemeinen. Mit Bemerkungen von Sprengel und Lasius übersetzt und herausgegeben von Lengerke 1847.

Trotz Mohl's Untersuchungen[1]) hat Lesquereux von dem anatomischen Bau der Torfmoose eine durchaus unrichtige Vorstellung. (Er spricht ihnen unter Anderem das Chlorophyll ab.) Nach unserem Autor sind die Torfmoose „mit einer äusserst merkwürdigen, hygroscopischen oder Wasser verschluckenden Eigenschaft ausgerüstet." Wenn man das untere oder obere Ende des trocknen Stammes in Wasser bringt, so werden alle feinen Röhren des Stammes und der Zweige, sowie die Zellen der Blätter sehr rasch mit demselben erfüllt. Die Erscheinung tritt bei alten und jungen, sogar bei abgestorbenen Theilen der Pflanze auf. Ganz richtig bemerkt er dazu, dass dies als eine einfache Capillarwirkung anzusehen sei. Die Erscheinung soll nur auf die *Sphagna* beschränkt sein. Die dicht an einander gedrängt wachsenden Stämme der Torfmoose bilden „ein Bündel von Capillar-Röhren", welche das zum Wachsthum nöthige Wasser an die Oberfläche leiten. Da diese absorbirende Eigenschaft auch von oben nach unten wirkt, so können sich die hier in Frage kommenden Moose auch mit atmosphärischer Feuchtigkeit sättigen. Um das zu beweisen, liess Lesquereux Wasserdämpfe in ein Gefäss steigen, in welches *Sphagnum*-Pflänzchen nur mit ihrem oberen Theile hineinragten und sah, „dass diese Dünste sich oben auf den Blättern verdichteten und die Feuchtigkeit der ganzen Pflanze mittheilten." (Wahrscheinlich bildete sich Thau, der von den Moosen eingesogen wurde.)

Später[2]) kommt Lesquereux noch einmal auf die Wasseranziehung zurück. Er unterscheidet zwischen einer Absorptionskraft, welche im Innern der Zellen ihren Sitz hat und einer äusseren Capillarkraft. Wenn die Torfmoospflanze lebt, soll die erstgenannte Kraft wirksam sein, wenn sie todt ist, die zweite, was nach meinen Versuchen durchaus unrichtig ist. Schliesslich führt er noch einige Experimente an: Ein lufttrockner Rasen absorbirte in einer nebligen Nacht $^1/_{12}$ seines Gewichts, während ein solcher in Berührung mit Wasser etwa das 17fache seines Gewichts in zwei Stunden aufnahm. Ferner giebt Lesquereux an, dass die Verdunstung bei heiterem Wetter geringer sei, als die Absorption durch den unteren Theil der Rasen, und dass bei Regen der Regenmesser 32 Unzen, ein *Sphagnum*-Rasen von gleicher Oberfläche in gleicher Zeit 39 Unzen aufnahm. Auf welche Weise der Verfasser zu diesen letztgenannten Resultaten gelangte, giebt er nicht an. Dass die Beobachtungen richtig seien, kann man

---

[1]) Mohl, Ueber die porösen Zellen von *Sphagnum* (1838). Vermischte Schriften pag. 294 u. folg.

[2]) l. c. pag. 228.

sich kaum vorstellen, und Zweifel sind um so mehr berechtigt, da nur je ein Versuch angestellt wurde.

Während Lesquereux früher behauptet hatte, dass die *Sphagnen* im Winter vom Schnee-, im Sommer von Regen- und Thauwasser leben, sagt er in einem besonderen Abschnitt[1]) über den Einfluss der Torfmoose auf die Bildung der Quellen wörtlich: „Das, was wir über das Wachsthum und die Vegetation der *Sphagnen* gesagt haben, bewies deutlich, wie diese Moose die Dünste aus der Luft einsaugen, um sich zu ernähren. . . . . Aber dies Einsaugen der hygroscopischen Moose ist stärker als nöthig, um das Wachsthum der Moore zu unterhalten (nach L. ist eine gewisse Wassermenge zur Torfbildung nöthig), denn man sieht aus allen Torflagern kleine Bäche hervorquellen." Wenn Lesquereux von dem Einsaugen der Wasserdämpfe spricht, so scheint darin auch das Absorbiren von Thautropfen einbegriffen zu sein. Die hygroscopische Attraktion von Wasser kommt hier doch wohl kaum in Frage; schwerlich fällt der Thau, der ja gewiss etwas für die Feuchtigkeit des Mooses leistet, in solchen Quantitäten, dass er im Stande wäre Quellen zu speisen, und warum soll nicht auch der Regen das seinige dazu thun? Davon sagt aber Lesquereux kein Wort. Ausserdem vergisst er, dass der Torf offenbar Wasser in grossen Mengen aufsaugt und nur langsam wieder abgiebt. Welche Rolle in diesem Falle die Moose spielen, wird weiter unten zu besprechen sein.

Die Unklarheiten und Widersprüche in Lesquereux' Erörterungen rühren daher, dass er die Anatomie der *Sphagnen* nicht kennt, dass er nicht unterscheidet zwischen Capillarität und hygroscopischen Eigenschaften.

Einzelheiten werden im Verlauf der Arbeit bestätigt resp. berichtigt werden, hier bemerke ich nur noch, dass die hygroscopischen Eigenschaften für die Biologie der *Sphagna* im Allgemeinen von grosser Bedeutung sein können, dass sie aber für die uns beschäftigende Frage kaum in Betracht kommen. Nach Lesquereux' eigenen Angaben ziehen ja die Torfmoose nur in sehr geringem Maasse Wasserdämpfe an.

Ich controlirte seine Beobachtungen, indem ich lufttrockne *Sphagnum*-Pflänzchen neben Wasser unter eine Glasglocke brachte. Dadurch, dass der Raum unter der Glocke nicht vollkommen luftdicht abgeschlossen war, wurde verhindert, dass sich Wasser in flüssiger Form niederschlug. Die *Sphagna* nahmen $\frac{1}{4}$—$\frac{1}{3}$ ihres eigenen Gewichts an Wasser auf. Es liegt auf der Hand, dass dies geringe Quantum für die Wasser-

---

[1]) l. c. pag. 224.

bewegung nicht ins Gewicht fallen kann, namentlich wenn man bedenkt, dass die Pflänzchen in Berührung mit Wasser mindestens das 50fache aufnehmen, und dass von dem hygroscopisch aufgenommenen Wasser nichts in die hyalinen Zellen gelangt, welche, wie später gezeigt werden wird, die Organe für Wasserleitung und Wasseraufnahme sind.

Auf der Naturforscherversammlung in Bonn[1]) machte Carl Schimper darauf aufmerksam, dass bei den Moosen die Wasserleitung nicht im Innern des Stämmchens vor sich gehe, sondern durch die Capillarräume bewirkt werde, welche die dem Stengel anliegenden Blätter bilden. Deswegen, meint C. Schimper, vertrockne auch *Mnium undulatum*, wenn man es in Wasser stelle. (Dass letzteres nicht unbedingt richtig ist, wird später gezeigt werden.) *Sphagnum* saugt das Wasser mittelst der dem Stamme anliegenden Aeste empor.

Hieran anknüpfend bemerkte W. Ph. Schimper auf derselben Versammlung[2]), dass diese Eigenschaft der Torfmoose für die Feuchthaltung eines Sumpfes von grosser Bedeutung sei; dass ausserdem der aufsteigende Wasserstrom eine stete Bewegung in der Tiefe hervorrufe und so die Fäulniss verhindere.

Etwas eingehender bespricht W. Ph. Schimper diese Verhältnisse in seiner Monographie der Torfmoose[3]). Danach vertreten die herabhängenden Aeste die Stelle von Luftwurzeln, indem die grossen flaschenförmigen Zellen[4]) eine Art Heber bilden. Diese Aeste stellen zusammen mit der spongiösen Hülle des Stammes ein hydraulisches Hebesystem dar. Taucht man ein trockenes Pflänzchen mit seinem unteren Theil in Wasser, so saugt es sich rasch bis oben hin voll, entfernt man aber die Aeste an irgend einer Stelle, so bleibt der darüber liegende Theil trocken.

Dass die *Sphagnum*-Rasen in den Mooren immer feucht bleiben, erklärt Schimper wie Lesquereux daher, dass die Moose Nachts aus der Luft sehr viel Feuchtigkeit anziehen.

Auch Sachs macht in seinem Lehrbuche[5]) darauf aufmerksam, dass die farblosen Zellen sowohl der Blätter als auch der Hautschicht des Stammes und der Zweige der Pflanze als Capillarapparate dienen, durch welche das Wasser der Sümpfe, auf denen die Pflanze wächst, den Gipfeltheilen zugeleitet wird.

---

[1]) Bot. Zeitung 1857, p. 769.
[2]) Daselbst.
[3]) W. Ph. Schimper, Versuch einer Entwickelungsgeschichte der Torfmoose, 1858 p. 19.
[4]) Cfr. Abbildung daselbst. Taf. V. Fig. 11.
[5]) 4. Auflage p. 375.

In neuester Zeit hat dann Haberlandt[1]) in einer Mittheilung über die physiologische Function des Centralstranges im Laubmoos-stämmchen auf Grund von Versuchen mit *Mnium undulatum* und *Polytrichum* den Centralstrang als das wasserleitende Organ der Moose bezeichnet. Auf die Beobachtungen Haberlandt's an *Mnium* und *Polytrichum* werde ich später näher einzugehen haben, hier erwähne ich nur, dass mir Haberlandt's Notiz, dass Versuche, welche mit einigen anderen Laubmoosarten (z. B. *Hypnum splendens, Bartramia pomiformis*) angestellt wurden, die Verallgemeinerung der für *Mnium* und *Polytrichum* gewonnenen Resultate gestatten, unerklärlich geblieben ist, da *Hypnum splendens* keinen Centralstrang besitzt[2]).

Jedenfalls hätte Haberlandt streng unterscheiden müssen zwischen Moosen, die einen gut ausgebildeten Centralstrang besitzen und solchen, bei denen derselbe nicht vorhanden, oder doch so rudimentär ist, dass man wohl nicht ernstlich an eine Leitung von Wasser in demselben denken kann [z. B. bei *Dicranum Scoparium*[3]) und *Hylocomium triquetrum*[4])].

Indem ich zur Besprechung meiner eigenen Untersuchungen über-gehe, bemerke ich, dass es mir weniger darauf ankam zu constatiren, wieviel Wasser eine Moosdecke aufsaugt, wieviel sie verdunstet etc. — die Resultate derartiger Bestimmungen werden je nach Wuchs und Dicke des Rasens sehr verschieden sein; vielmehr suchte ich durch einen Vergleich zwischen lebenden und todten Moosen und Moosrasen zu entscheiden, ob die Leistungen des ersteren bezüglich der Wasser-vertheilung derjenigen eines Schwammes gleichen, oder ob man sie mit den Wirkungen einer dichten Grasvegetation oder dergleichen in eine Linie zu stellen hat. Das erstere anzunehmen, lag ja nahe und ist als bewiesen zu betrachten, wenn gezeigt werden kann, dass todte und lebende Moose in ihrem Verhalten zum Wasser in allen wesent-lichen Punkten übereinstimmen.

Der Erledigung dieser Frage musste ein Aufschluss über die Transpiration und die Wasserleitung im einzelnen Moospflänzchen vorangehen.

---

[1]) Ber. der deutschen botan. Gesellschaft, Band I. p. 263 u. folg.

[2]) Lorentz, Vergl. Anatomie der Laubmoose p. 27, p. 74 u. Taf. XXVII. Fig. 100 des Separatabdrucks aus Pringsheims Jahrb. für wissensch. Bot. VI.

[3]) Unger, Ueber den anatom. Bau des Moosstammes. Sitzungsber. d. k. k. Acad. der Wissensch. zu Wien, math. phys. Classe. Band XLIII. p. 507 Taf. I., Fig. 7.

[4]) Unger, l. c. p. 507. Taf. II., Fig. 11 bis 15.

II. Die Wasserbewegung in der Moospflanze.

1. Transpiration und Verdunstung.

Entfernt man am unteren Theile der Stämmchen von *Hylocomium*-Arten die Blätter, von *Dicranum*-Species den Wurzelfilz und stellt die Pflänzchen so in Wasser, dass die noch vorhandenen Blätter nicht mit demselben in Berührung kommen, so vertrocknet alles, was über das Wasser hervorragt. Dass in diesen Fällen keine merkliche Wasserabgabe, also auch keine dadurch veranlasste Wasserbewegung im Stamm stattfindet, wurde dadurch nachgewiesen, dass der entblätterte Theil der Pflanze, zwischen die Hälften eines Korkes eingeklemmt, in ein mit Wasser gefülltes Gläschen eingesetzt wurde. Kork und Glasrand erhielten einen Ueberzug von Lack (bestehend aus geschmolzenem Colophonium und Wachs). Nachdem das Ganze einige Stunden gestanden hatte, bis das den einzelnen Theilen oberflächlich anhaftende Wasser verdunstet war, wurden die Gläser mehrere Tage hintereinander gewogen. Schon bei der ersten Wägung hatten die Blätter ihre Turgescenz verloren. In den meisten Fällen ergab sich eine ganz geringe Gewichtsabnahme der Apparate, dieselbe wurde jedoch hervorgerufen durch undichten Verschluss der Gläschen, denn wenn das Moosstämmchen abgeschnitten und die Schnittfläche mit Lack überzogen wurde, so war mit ganz geringen Ausnahmen der Gewichtsverlust der gleiche. Versuche mit *Sphagnum*-Pflänzchen, welche der herabhängenden Aeste (bei *Sphagnum cymbifolium* auch der Stammrinde) beraubt waren, hatten denselben Erfolg.

Die Beobachtungen wurden in Zimmern angestellt, deren relative Feuchtigkeit zwischen 60% und 70% schwankte. Da diese innerhalb des Rasens offenbar grösser ist, so lag der Gedanke nahe, dass die Moospflänzchen vertrockneten, weil der Stamm den an seine Leistungsfähigkeit gestellten Ansprüchen nicht genügen konnte. Aber auch in einer stark wasserhaltigen Atmosphäre (95% relativer Feuchtigkeit) vertrockneten z. B. Stämmchen von *Dicranum undulatum,* welche ihres Wurzelfilzes theilweise beraubt waren.

Diese Versuche beweisen, dass im Stamme vieler Moose eine durch Transpiration hervorgerufene Wasserbewegung, wie wir sie bei den Gefässpflanzen finden, nicht vorhanden ist. Dass im turgescenten Stamme Wasser von Zelle zu Zelle auf osmotischem Wege wandert, soll nicht geläugnet werden, jedoch können dadurch selbst in fast dampfgesättigter Luft die zu einer andauernden Transpiration erforderlichen Wassermengen nicht herbeigeschafft werden.

Vergegenwärtigt man sich den anatomischen Aufbau der Moose, welche ich zu den eben besprochenen Untersuchungen benutzte, so findet man, dass bei den meisten ein Centralstrang, d. h. ein axiler aus engen, langgestreckten Zellen bestehender Gewebecomplex, auf welchen bei anderen Species später noch zurückzukommen sein wird, nicht vorhanden, oder doch nur schwach ausgebildet ist [1]). Verwendet man dagegen Arten, die mit einem wohlausgebildeten Centralstrang versehen sind, z. B. *Mnium undulatum* und Species der Gattung *Polytrichum*, so findet man etwas andere Verhältnisse. Stellt man ähnliche Experimente wie vorher in einem gewöhnlichen Zimmer an, so ist das Resultat bei Anwendung einzelner Pflänzchen kein anderes als im ersten Falle. Dagegen blieb schon bei einer relativen Feuchtigkeit von 80% ein etwa 1 Quadratdecimeter grosser Rasen von *Mnium undulatum* dauernd turgescent, als ich ihn auf einen flachen Glasteller brachte, dessen Boden mit einer 3—4 mm hohen Wasserschicht bedeckt war. Eine oberflächliche Benetzung fand sich nur an den in geringer Entfernung über dem Wasserspiegel befindlichen Theilen. Dadurch, dass die einzelnen Pflänzchen im Rasen nahe bei einander standen, wurde offenbar die Transpiration herabgedrückt, denn einzelne Pflänzchen, aus dem Rasen herausgenommen und in Wasser gestellt, vertrockneten. Der hieraus schon mit einiger Wahrscheinlichkeit zu ziehende Schluss, dass dies Moos in geringer Menge Wasser im Inneren seines Stammes leitet, dass die Leitungsfähigkeit des letzteren aber so gering ist, dass er selbst bei verhältnissmässig hoher Feuchtigkeit der Atmosphäre noch nicht im Stande ist, die für die Transpiration nöthige Wassermenge zu liefern, wurde auf folgende Weise bestätigt. Pflänzchen von *Mnium undulatum* und *Polytrichum gracile* wurden in der oben beschriebenen Weise in Gläser eingesetzt und in einen Keller gebracht, dessen relative Feuchtigkeit zwischen 94% und 96% schwankte. Die Blätter, welche während des Einsetzens in die Gläser vertrocknet waren, wurden hier nach einigen Stunden wieder turgescent. In einem so feuchten Raum schlug sich aber auf dem Glase bald Wasser nieder, es wurden daher die ersteren vor den Wägungen, die jeden Tag ausgeführt wurden, sorgfältig abgetrocknet. Im Durchschnitt aus drei gleichzeitig angestellten Versuchen transpirirte ein Pflänzchen von *Polytrichum gracile* pro Tag 0,043 g und ein Pflänzchen von *Mnium undulatum* 0,022 g. Ein Glas ohne Moospflänzchen, das auf dieselbe Weise verschlossen war wie die übrigen, verlor in der gleichen Zeit nur 0,005 g an Gewicht, wonach anzu-

---

[1]) Cf. Lorentz, Vergl. Anatomie der Laubmoose.

nehmen ist, dass durch das Beschlagen der Gläser mit Wasser kein erheblicher Fehler in die Beobachtungen hineingekommen ist. Ob die angegebenen Zahlen trotzdem genau sind, ist nicht zu sagen, da man nicht controliren kann, ob nicht die Moose Wasser aus der Luft absorbirten; einige Erscheinungen, die ich beobachtete, lassen das vermuthen. Im Uebrigen scheint es mir weniger auf die Ausgiebigkeit der Transpiration anzukommen, als auf die Constatirung der Thatsache, dass *Mnium undulatum* und die *Polytrichum*-Arten, denen sich noch andere Moose anschliessen dürften, eine allerdings schwache Transpiration und eine Wasserleitung im Innern des Stammes besitzen.

Fragen wir nach den Bahnen, welche das Wasser bei denjenigen Moosen einschlägt, für welche die Leitungsunfähigkeit des Stammes nachgewiesen wurde, so brauchen wir nur ein intactes Pflänzchen von *Dicranum undulatum* mit dem unteren Ende in Wasser zu stellen, um uns zu überzeugen, dass das Wasser in dem Wurzelfilz emporgesogen wird und dass so alle Theile turgescent bleiben.

Bei anderen Gattungen und Arten findet eine Wasserbewegung in den von den Blättern gebildeten capillaren Hohlräumen statt und bei *Sphagnum* vertreten die anliegenden Aeste den Wurzelfilz. Man kann dies als eine äussere Leitung bezeichnen gegenüber der inneren bei *Polytrichum* und *Mnium*, wird aber kaum von einer Transpiration, d. h. einer Wasserabgabe aus dem Innern lebender Gewebemassen, sondern nur von einer Verdunstung von Wasser reden dürfen, wie sie jeder Körper zeigt, der capillar damit gesättigt ist.

Will man die Verdunstungsgrösse eines Moospflänzchens bestimmen, so wird es darauf ankommen, für die Gefässe, in welche die unteren Partien der Pflanzen eintauchen, einen Verschluss zu finden, welcher das Verdampfen des im Glase befindlichen Wassers, aber nicht die äussere Leitung verhindert.

Ich benutzte **U** förmig gebogene Glasröhren mit einem weiten und einem engen Schenkel. Der weite Schenkel wurde mit einem durchbohrten Kork verschlossen, durch die Oeffnung des letzteren ein 2—3 mm im Durchmesser haltendes Glasrohr geschoben, das etwas länger war als der Kork und bis auf das Lumen des Glasröhrchens alles mit Lack überzogen. Der Apparat wurde mit Wasser gefüllt und das betreffende Moosstämmchen mit seinem unteren Theile vorsichtig soweit durch das enge Röhrchen geschoben, bis es in das Wasser eintauchte. Unter dem Kork befindliche Luftblasen wurden durch Umkehren (wobei nur sehr wenig Wasser austrat) und darauf folgende entsprechende Neigung des Rohres in den engen Schenkel gebracht. Letzterer wurde bis zur Höhe des oberen Korkrandes mit

Wasser gefüllt und mit einem Stopfen verschlossen, welcher eine feine Durchbohrung erhielt. Das Ganze brachte ich auf ein Holzstativchen und wog täglich 2—3 mal; oder ich markirte den Wasserstand im engen Schenkel und liess in gleichen Zwischenräumen aus einer Quetschhahnbürette Wasser bis zur Marke zufliessen. Die Messung liess sich ganz sicher ausführen, da das Wasser im engen Schenkel 6—7 cm tiefer stehen konnte als im weiten, ohne dass Luft neben dem Moose durch das enge Glasrohr eintrat, ein Beweis, dass auch der Verschluss genügte.

War derselbe schlecht, so gab sich das durch das Auftreten von Luftblasen unter dem Kork sofort zu erkennen.

Die Grösse der Verdunstung muss abhängen von der Oberfläche der Pflänzchen, diese aber ist schwierig auch nur annähernd genau zu bestimmen.

Nach Beendigung der Beobachtungen wurde daher das Stämmchen am oberen Ende des Glasrohres abgeschnitten, sein Trockengewicht bei 100°—105° bestimmt und berechnet, wieviel Wasser ein Pflänzchen von 0,01 g Trockengewicht in einer Stunde abgiebt. Es wurden je zwei möglichst gleiche Exemplare ausgesucht und das eine davon mit absolutem Alcohol getödtet. Dann wurden fünf lebende und ebenso viel todte Pflänzchen in den eben beschriebenen Apparaten aufgestellt und die Beobachtungen mehrere Tage fortgesetzt. Das Mittel aus denselben geben die folgenden Tabellen:

Hylocomium loreum.				*Hylocomium triquetrum.*		
		lebend.	todt.		lebend.	todt.
19/6	Nachts	0,013 g.	0,0118 g.	28/6 Vm.	0,0185 g.	0,0167 g.
20/6	Vorm.	0,0152 g.	0,0134 g.	= Nm.	0,0256 g.	0,0231 g.
=	Nm.	0,0152 g.	0,0141 g.	= N.	0,0102 g.	0,0095 g.
=	Nachts	0,0126 g.	0,0148 g.	29/6 Vm.	0,0124 g.	0,0154 g.
21/6	Vm.	0,0133 g.	0,0122 g.	= Nm.	0,0106 g.	0,0159 g.
=	Nm.	0,0105 g.	0,0118 g.	= N.	0,0126 g.	0,0117 g.
=	N.	0,0120 g.	0,0114 g.	30/6 Vm.	0,0129 g.	0,0123 g.
22/6	Vm.	0,0201 g.	0,0193 g.	= Nm.	0,0083 g.	0,0080 g.
=	Nm.	0,0147 g.	0,0156 g.	= N.	0,0042 g.	0,0046 g.
=	N.	0,0104 g.	0,0116 g.	1/7 Vm.	0,0039 g.	0,0043 g.
23/6	Vm.	0,0120 g.	0,0119 g.			

Sphagnum cymbifolium.				Dicranum undulatum.		
		lebend.	todt.		lebend.	todt.
3/7	Vm.	0,217 g.	0,269 g.	15/6	Vm.	0,0649 g.	0,0660 g.
=	Nm.	0,188 g.	0,224 g.	=	Nm.	0,0641 g.	0,0656 g.
=	N.	0,135 g.	0,143 g.	=	N.	0,0297 g.	0,0295 g.
4/7	Vm.	0,218 g.	0,213 g.	16/6	Vm.	0,0385 g.	0,0365 g.
=	Nm.	0,272 g.	0,235 g.	=	Nm.	0,0381 g.	0,0372 g.
=	N.	0,097 g.	0,081 g.	=	N.	0,0376 g.	0,0358 g.
5/7	Vm.	0,096 g.	0,120 g.	17/6	Vm.	0,0391 g.	0,0376 g.
=	Nm.	0,116 g.	0,154 g.	=	Nm.	0,0303 g.	0,0292 g.
=	N.	0,064 g.	0,066 g.	=	N.	0,0264 g.	0,0266 g.
6/7	Vm.	0,088 g.	0,114 g.				
=	Nm.	0,109 g.	0,137 g.				
=	N.	0,046 g.	0,054 g.				
7/7	Vm.	0,064 g.	0,069 g.				

Es fällt auf, dass die für *Sphagnum* gefundenen Zahlen nicht unerhebliche Schwankungen zeigen. Die Thatsache erklärt sich daraus, dass die abstehenden Aeste der Pflänzchen zeitweilig trocken wurden, sich später aber wieder mit Wasser vollsogen.

Die Verdunstung wird mit der Zeit geringer, weil namentlich bei *Hylocomium loreum* und *triquetrum* das Wasser nur bis zu einer bestimmten Höhe emporsteigt, die darüber liegenden Theile stets trocken bleiben. Da wo die turgescenten Partien an die nicht turgescenten grenzen, vertrocknen leicht einzelne Blätter, werden aber später nicht wieder benetzt; dadurch wird die verdunstende Fläche natürlich verkleinert. Theilweise aus demselben Grunde konnten bei anderen Moosen z. B. *Hypnum Schreberi* diese Versuche überhaupt nicht angestellt werden, weil meistens schon am zweiten Tage die Pflänzchen völlig trocken waren, trotzdem sie unten in Wasser tauchten.

Aus todten Zellen und Zellcomplexen verdunstet das Wasser rascher als aus turgescenten. Dies dürfte, verbunden mit dem Umstande, dass durch das Tödten des Materials mit Alkohol und Auswaschen des letzteren durch Wasser erwiesener Maassen ein geringer Substanzverlust eintritt, zur Genüge erklären, weswegen die Verdunstungsgrösse der todten Pflänzchen etwas höher gefunden wurde als die der lebenden. Im Uebrigen liegt die Uebereinstimmung zwischen lebenden und todten Moosen auf der Hand.

2. Die Wasserwege.
a. Aeussere Leitung.

Den Grund für diese scheinbar auffällige Thatsache finden wir darin, dass die meisten Moose das Wasser in Capillarräumen leiten, welche an der Peripherie des Stammes gebildet werden durch die Blätter, den Wurzelfilz oder durch besondere Zellen in den Blättern und der Rinde der Stämme.

Diese Capillaren werden durch die Tödtung kaum verändert und wirken in Folge dessen ebenso wie bei lebenden Pflanzen.

Aus dem Gesagten folgt auch, weshalb die Versuche von Ebermayer und Riegler, trotzdem sie die natürliche Lage der Pflänzchen nicht berücksichtigten und offenbar häufig mit todtem Material arbeiteten, doch einigermassen der Wirklichkeit entsprechen.

Wie später des Näheren gezeigt werden soll, entziehen die Moose dem Boden kein Wasser; eine Thatsache, welche erklärlich wird, wenn man bedenkt, dass bei der Aufsaugung von Flüssigkeit durch die Moose allein die Capillarität wirkt, und dass der Boden das Wasser mit grosser Kraft festzuhalten im Stande ist. Die Verhältnisse liegen eben so, dass die Moose mit Ausnahme der *Sphagna* und der an ähnlichen Orten vorkommenden Arten anderer Gattungen die Hauptmengen des Wassers, dessen sie bedürfen, direkt durch Niederschläge erhalten. Sie saugen sich voll und vegetiren so lange, bis das Wasser wieder verdunstet ist; dann gehen sie durch Austrocknen in einen Ruhezustand[1]) über, um beim nächsten Regen oder Thau (falls ihr Standort Thaubildung zulässt) ihre Lebensfunktionen wieder aufzunehmen[2]).

Daraus ergiebt sich, dass bei Moosen, welche auf trocknem Boden vorkommen — abgesehen von *Polytrichum, Mnium undulatum*

---

[1]) Vergl. Pfeffer, Pflanzenphysiologie II. p. 453. De Candolle, Physiologie végétale p. 1032. Ich konnte constatiren, dass Pflänzchen von *Sphagnum acutifolium* und von *Dicranum Scoparium*, welche 4 Wochen lang völlig trocken gelegen hatten, neue Blätter bildeten, als sie wieder feucht gehalten wurden. Während einzelne ältere Blätter abstarben, war der Stammscheitel niemals zu Grunde gegangen, derselbe ist durch dichte Blattlagen besonders geschützt.

[2]) Im Sommer bleiben die Moose oft längere Zeit trocken, während in den übrigen Jahreszeiten die Feuchtigkeit länger anhält. Daraus dürfte sich der Umstand erklären, dass die meisten Moose im Frühjahr oder Herbst fructificiren·

und ähnlich gebauten — streng genommen von einer Wasserleitung nicht geredet werden darf, sobald man darunter die Bewegung des Wassers versteht, welches von den Wurzeln aufgenommen im Innern des Stammes emporsteigt und aus den Blättern wieder abgegeben wird. Vielmehr sind die durch Blätter, Wurzelfilz etc. gebildeten Capillarräume eine Anpassung an die Wasseraufnahme von oben, sie bilden Reservoire, welche das Wasser möglichst lange festhalten, um es für die verschiedenen Organe nutzbar zu machen. Andererseits bewirken diese Capillarsysteme auch eine Vertheilung des Wassers über das ganze Pflänzchen, wenn es an irgend einer Stelle auf dasselbe gelangt.

Das ist auch eine Wasserleitung und in diesem Sinne werde ich im Folgenden das Wort gebrauchen.

Zum Nachweis der Wege, welche das Wasser nimmt, wurde meistens mit einer Lösung von Anilinblau gearbeitet. Die Anwendung dieses Mittels ist hier ganz unbedenklich, weil man ja stets mit dem Mikroskop controliren kann, ob etwa Wasser weiter gewandert ist, als der Farbstoff. Es zeigte sich jedoch jedesmal, dass allerdings die aufgesogene Lösung weniger concentrirt war als die ursprünglich angewandte, dass aber die Färbung doch immer genau die Bahnen des capillar bewegten Wassers anzeigte.

Gehen wir näher auf die einzelnen Fälle ein, so finden wir wohl die einfachsten Verhältnisse bei den gewöhnlichen Laubmoosen, deren Stamm ausser Blättern und Zweigen keine Anhänge besitzt.

Stellt man ein trockenes Pflänzchen von *Hylocomium loreum* mit seinem unteren Ende in die Farbstofflösung, so sieht man, wie diese zwischen den Blättern hinaufgeleitet wird. Es geht das verhältnissmässig langsam, in vielen Fällen überhaupt nicht, wenn das Material vollkommen lufttrocken war, da die Blätter schwer benetzbar sind. Wurde dagegen die Pflanze vorher in Wasser gebracht und zwischen Filtrirpapier gut ausgedrückt, so dass die Blätter eben feucht waren, dann stieg die Lösung sehr rasch, oft in einigen Secunden. Bei allen Pflänzchen gelangt das Wasser bis zu einer gewissen Höhe, alle darüber liegenden Theile bleiben trocken.

Die Steighöhe hängt ab von der Weite der Capillarräume, muss daher für Individuen derselben Species annähernd gleich sein, was auch die Experimente ergeben.

Ein Tropfen der Lösung an das obere Ende eines Astes oder des Stammes gebracht, wird ebenfalls aufgesogen und zwar annähernd mit derselben Schnelligkeit wie in der umgekehrten Richtung. Auch wenn man die Pflanze mit ihrer Spitze in die Lösung eintaucht, bewegt sich die letztere aufwärts, jedoch nicht so weit, wie bei aufrechter Stellung des Stammes.

Die leitenden Capillarräume werden, wie schon hervorgehoben, durch die Blätter gebildet, welche vermöge ihrer eigenthümlichen Gestalt und der dichten gegenseitigen Berührung der Blattränder um den Stamm einen Hohlcylinder bilden, der in seinem Inneren aus einem System zusammenhängender Kammern besteht.

Das Wasser erfüllt den ganzen Raum zwischen Stamm und Blättern, sobald genügende Mengen vorhanden sind; steht aber wenig Flüssigkeit zur Verfügung, so kann man bei sehr regelmässiger Deckung der Blätter das Wasser dort circuliren sehen, wo die Ränder über einander liegen. Die Wasserbewegung erfolgt dann in einer Curve, welche der Blattstellung entspricht.

Diese Erscheinung tritt sehr auffällig ein bei *Hypnum purum*, dessen Blätter die genannten Verhältnisse in ausgeprägtester Weise zeigen. Im übrigen stimmt die Wasserleitung hier wie bei den meisten Arten vom Habitus des *Hylocomium loreum* mit den oben beschriebenen Vorgängen überein.

Bei *Muscineen* wie *Plagiothecium undulatum*, *Neckera crispa* und anderen wird die Leitung dadurch erreicht, dass die Blätter mit einem verhältnissmässig grossen Theil ihrer Flächen dachziegelartig über einander greifen. Das Wasser wird zwischen zwei sich deckenden Blättern festgehalten resp. aufgesogen, wie zwischen zwei sehr genäherten Glasplatten.

Ist auch die Lage der einzelnen Blätter zu einander nicht immer so regelmässig, wie in den angeführten Fällen, so wird dieser Mangel dadurch ersetzt, dass die Blätter kleiner sind und dichter stehen. Hier erfolgt die Wasserbewegung etwa wie in einem groben Filz. Die Capillarräume sind im Allgemeinen zahlreicher und enger, deshalb steigt die Lösung bei derartigen Formen höher, als bei den oben besprochenen, wie ein Vergleich von *Hylocomium loreum* mit *Hypnum crista castrensis* lehrt.

Das Einrollen oder das Aufrichten und Anlegen der Blätter an den Stamm, welches beim Austrocknen derselben erfolgt, hat eine Vermehrung und Verkleinerung der Capillarräume zur Folge. Es wird daher das Wasser in den ersten Augenblicken, in welchen es an das trockene Pflänzchen gelangt, um so leichter über die Oberfläche vertheilt.

Ebenfalls nicht ohne Bedeutung für die Wasserversorgung ist eine dichte Rasenbildung. Die augenfälligsten Erscheinungen derart finden sich bekanntlich bei solchen Species, die auf unbeschattetem Gestein vegetiren. Durch den dichten Wuchs wird das Aufsaugungsvermögen gesteigert, die Verdunstung aber erheblich herabgedrückt. Die Anpassung an die trocknen Standorte liegt auf der Hand. Einzelne

Pflänzchen, z. B. von *Grimmia pulvinata,* verhalten sich im Uebrigen ebenso, wie andere nicht so dicht wachsende Arten.

Einen zweiten Typus repräsentiren diejenigen Moose, bei welchen der Stamm durch Haarbildungen eine dichte Umhüllung erhält. Die Gattung *Dicranum* mag uns für diese Fälle als Beispiel dienen. Der Filz entsteht hier meistens durch Trichome, welche aus den Rinden-zellen nahe den Blattachseln hervorgehen. Bei *Dicranum undulatum* ist er besonders stark entwickelt und reicht immer bis fast an die Spitze des Stammes, so dass die hier dicht zusammenliegenden Blätter leicht mit Wasser versorgt werden können. Dasselbe saugt sich in den Filzmantel wie in einem Stück Filtrirpapier hinauf. Eine bestimmte Steighöhe wie bei *Hylocomium loreum* ist nicht nachzuweisen, dagegen nehmen leicht benetzte Pflanzen das Wasser ebenfalls besser auf, als völlig trockne.

Von der Spitze zur Basis erfolgt die Leitung erklärlicher Weise ebenso leicht. Die Blätter sind in der Regel etwas zusammengefaltet, in Folge dessen sieht man häufig, dass sich Wasser diesen Rinnen entlang bewegt.

Die Blätter von *Dicranum undulatum* stehen fast in einem rechten Winkel vom Stamme ab, bei *Dicranum Scoparium* dagegen liegen sie mit ihren basalen Theilen demselben lose an und überdecken theil-weise den weit weniger entwickelten Wurzelfilz. Die Leitung erfolgt wie bei der eben besprochenen Species, doch wirken hier die Blätter immerhin etwas mit. *Dicranum majus* schliesst sich an *D. scoparium* an, *Dicranum spurium,* das freilich nicht untersucht wurde, dürfte *Dicranum undulatum* näher stehen. In die Kategorie der *Dicrana* gehören Repräsentanten aus fast allen Familien. Mögen auch die Trichome, welche die Hülle des Stammes bilden, bald an bestimmten Stellen, bald am ganzen Stamme vertheilt ihren Ursprung nehmen, so ändert das an der Wasserleitung nichts. Die Uebereinstimmung in allen Punkten ist derartig, dass eine nähere Beschreibung analoger Einzelfälle nur das vorhin Gesagte wiederholen könnte.

Es scheint, dass vorzugsweise Moose, welche feuchte Standorte lieben, mit derartigen Leitungsorganen versehen sind, indess finden sich doch mannigfache Ausnahmen, z. B. *Dicranum spurium,* welches bekanntlich regelmässig auf sehr trocknem Boden vorkommt.

Climacium dendroides und *Hylocomium splendens* zeigen eine Combination der beiden bis jetzt beschriebenen Einrichtungen. *Clima-cium* besitzt einen dichten, aber nicht sehr langen Wurzelfilz. Die Trichome gehen hier aus peripherischen Zellen hervor, die in Vertikal-reihen liegen, so dass auch die Wurzelhaare in regelmässigen Reihen am Stamme angeordnet sind. Die breit stengelumfassenden Blätter

greifen namentlich an den astlosen Theilen mit ihren Rändern weit
übereinander und decken den Wurzelfilz so vollständig, dass man denselben nicht wahrnehmen kann, ohne einige Blätter zu entfernen.
Letztere liegen den Aesten nicht so dicht an, stehen aber nach den
Zweigspitzen zu um so gedrängter und übernehmen hier die Leitung,
weil der Wurzelfilz nicht · bis an die äussersten Enden reicht. Setzt
man ein *Climacium*-Pflänzchen in die Lösung, so sieht man sehr bald
die Aeste bis fast zur Spitze hin blau gefärbt. Auch nach Entfernung
der Blätter von den astlosen Theilen des Stammes tritt dieselbe Erscheinung fast mit gleicher Schnelligkeit ein. Die Bedeutung der dicht
anliegenden Blätter dürfte in diesem Falle darauf beruhen, dass sie
die Verdunstung von Wasser aus dem nur mässig dicken Wurzelfilz
beschränken.

Da *Climacium* auf verhältnissmässig feuchtem Boden gefunden
wird, ist nach dem Gesagten und mit Berücksichtigung des Habitus
unserer Species anzunehmen, dass in diesem Falle auch eine Aufnahme
von Wasser aus dem Substrat stattfindet.

Ganz ähnlich sind die Verhältnisse bei *Hylocomium splendens*.
Auch hier findet sich ein dichter, kurzer Wurzelfilz, der ebenfalls von
Stammblättern vollkommen bedeckt wird. Die Leitung geht ebenso
vor sich und es ist zum Zweck der Wasservertheilung eine möglichst
vollkommene Verbindung zwischen den verschiedenen verzweigten
Theilen des Stammes erreicht.

Thuidium tamariscinum zeigt auch einen Wurzelfilz, der an den
astlosen Theilen des Stammes besonders stark entwickelt ist. Indess
ist hier die Deckung der Blätter nicht vorhanden, oder in einzelnen
Fällen doch nur höchst unvollkommen.

Analoge Anpassungen dürften sich auch bei anderen Moosen von
ähnlicher Wuchsform finden, indess beweist *Mnium undulatum*, dass
man fehl gehen würde, wenn man dasselbe für alle bäumchenförmigen
Species annehmen wollte.

Einen Uebergang zu *Sphagnum* und *Leucobryum* bildet in gewisser
Weise *Philonotis fontana*. Der Stamm der *Philonotis*-Arten[1]) ist im
Grossen und Ganzen gebaut wie derjenige der meisten Moose, doch
wird die peripherische Zellenschicht nicht aus den gewöhnlichen verdickten und englumigen Elementen, sondern aus meistens fast farblosen
Zellen gebildet, ähnlich wie die Rinde der *Sphagnum*-Arten. Die nach
aussen gelegenen Wände dieser Zellen sind sehr dünn, Oeffnungen
lassen sich aber nirgends nachweisen.

---

[1]) Lorentz, Bot. Zeitung 1868 p. 470. Taf. VIII. Fig. 14 u. 15.

An den unteren Stengeltheilen ist ein freilich schwach ausgebildeter Wurzelfilz vorhanden, der von den Blattbasen unvollkommen überdeckt wird. Die Wasserbewegung geschieht in der für *Dicranum Scoparium* angegebenen Weise. Entfernt man auf eine kurze Strecke Blätter und Wurzelfilz, so bleiben die oberhalb der entblössten Theile liegenden Blätter trocken. Man wird daher die weitlumigen Rindenzellen aufzufassen haben als Organe, welche bestimmt sind das Wasser aufzunehmen und festzuhalten, eine Erscheinung, der wir bei *Sphagnum* wieder begegnen werden. Auch die Blätter führen an der Unterseite der Blattnerven derartige Zellen, denen eine gleiche Bedeutung zuzuschreiben ist.

Die Funktion des Wurzelfilzes von *Dicranum undulatum* übernehmen bei *Sphagnum* die dem Stamm anliegenden Aeste. Diese reichen immer mindestens bis an das nächste, senkrecht unter ihnen entspringende Zweigbüschel und bilden, indem sie mit letzterem, sowie untereinander in Berührung stehen, einen dichten Mantel um den Stamm [1]). *Sphagnum cymbifolium* [2]) besitzt eine mehrschichtige Rinde, welche aus weiten, farb- und inhaltslosen, mit Verdickungsfasern und grossen Poren versehenen Zellen besteht. Die Aeste sind in ähnlicher Weise bekleidet. Der Bau der Blätter ist im Allgemeinen bekannt, ich verweise dieserhalb auf Mohl [3]) und Schimper [4]) und füge nur einiges über die Lage der Poren in den hyalinen Zellen hinzu.

Auf der Oberseite (Concavseite) der Blätter findet man in denjenigen hyalinen Zellen, welche dem Blattrande sehr nahe liegen, eine grosse Anzahl von Poren (Fig. 1) unregelmässig zerstreut, während die mittleren Zellen nur sehr wenige Oeffnungen zeigen, oder überhaupt keine besitzen (Fig. 2). Die Mehrzahl der Perforationen ist der Convexseite des Blattes (Fig. 3), wohin die farblosen Zellen stark vorragen, zugetheilt und liegt seitlich an den gewölbten Zellwänden mit ganz besonderer Bevorzugung derjenigen Stellen, an welchen drei grüne Zellen zusammenstossen. Hier ist die Spitze einer hyalinen Zelle gleichsam eingeklemmt zwischen zwei andere (Fig. 3e), und nun liegt eine Oeffnung gerade in dieser Spitze und je eine an der Seite der beiden anderen farblosen Zellen. Die Ebene, in welcher eine Oeffnung liegt, bildet mit der Blattfläche einen Winkel von 80° und

---

[1]) Schimper, Versuch einer Entwickelungsgeschichte der Torfmoose. Taf. VII. Fig. 1.

[2]) Schimper, l. c. Taf. IV. u. V.

[3]) Mohl, Ueber die porösen Zellen von *Sphagnum*. Vermischte Schriften p. 294 u. folg.

[4]) Schimper, l. c. p. 41 u. folg. Taf. XIX.

mehr, man sieht daher bei einer Einstellung des Mikroskops auf die hyalinen Zellen nur die nach aussen gelegenen Theile des die Oeffnungen umgebenden, etwas verdickten Ringes. Da die drei Poren unmittelbar zusammenliegen, entsteht annähernd die Gestalt eines sphärischen Dreiecks (Fig. 3e). Figur 3 zeigt ein Blattstück, in welchem diese Zeichnung besonders regelmässig hervortritt. Noch klarer wird die Lage der Poren, wenn man Querschnitte beobachtet. Wird ein Stück c d (Fig. 3) herausgeschnittten, so ergiebt sich, wenn man in der Richtung von d nach c darauf sieht, ein Bild wie Figur 4; in der Richtung von c nach d, wie Figur 5. In beiden Fällen sieht man bei äusserst geringer Veränderung der Einstellung die Perforation am Ende der Zelle A in ihrer ganzen Ausdehnung. Das Stück a b in Figur 3 zeigt die den Zellen B und C angehörigen Poren senkrecht durchschnitten (Fig. 7). Bei g sieht man den Verdickungsring, welcher die Löcher umrandet, im Querschnitt; bei wechselnder Einstellung kann man in etwas dicken Schnitten den Ring bis zur grünen Zelle verfolgen; f ist ein Theil der Membran der farblosen Zellen, welcher sich oft in der Richtung der Blattfläche über den Verdickungsring fortsetzt. Diese Membranen sind häufig soweit ausgedehnt, dass sie mit ihren Rändern zusammenstossen, wie das Figur 6 zeigt. Es ist klar, dass auf diese Weise der Uebertritt von Wasser aus der einen in die beiden anderen Zellen oder umgekehrt noch mehr erleichtert wird, als das ohnehin schon durch die eigenthümliche Lage der Poren geschieht. Nicht immer findet man in jeder der drei zusammenstossenden hyalinen Zellen eine Oeffnung. Die Spitze der einen Zelle entbehrt dann meistens dieselbe. Auch kommen viele Stellen vor, an welchen nur eine oder überhaupt keine Perforation zu finden ist (wie bei i Fig. 3). Unter allen Umständen steht aber jede Zelle an zwei Orten mit Nachbarzellen in Verbindung; nur an der Blattbasis wird die Communication in der Regel vermisst.

Zur Sichtbarmachung der Wasserwege wurde anfangs die erwähnte Farbstofflösung, später aber Carmin verwendet, welches im Wasser fein vertheilt war. Löst man einen Ast vom Stamme los und befestigt ihn mit seinem basalen Ende so in einem Korkstückchen, dass er eine horizontale Lage erhält, so kann man denselben resp. einzelne Theile selbst bei ziemlich starken Vergrösserungen bequem unter dem Mikroskop beobachten. Bringt man nun einen Tropfen Wasser mit Carmin an den Zweig, so sieht man, wie die Flüssigkeit in der Rinde ziemlich rasch nach der Spitze zu aufgesogen wird. Dabei wird an die Blätter kaum Wasser abgegeben, weil die Communication der unteren Blattzellen mit den übrigen mangelhaft ist. Gleichzeitig mit der Bewegung in der Rinde, aber etwas langsamer, geht eine solche durch die Blätter vor sich, indem ein Blatt dem anderen das Wasser mittheilt. In den einzelnen Blättern sieht man die Carminkörperchen durch die oben beschriebenen Poren aus der einen Zelle in die andere mit dem Wasser übergehen und kann deutlich verfolgen, wie sie vielfach um die grünen Zellen herumgleiten. Selbst wenn die Zellen, welche im Gesichtsfelde liegen, mit Wasser gefüllt sind, lässt sich doch ein Strom von Wasser, in welchem die Körner mitschwimmen, nach der Spitze hin so lange beobachten, bis der ganze Ast mit Wasser versorgt ist. Später sieht man nur das Wandern vereinzelter Carminpartikel.

Die grösste Bewegung findet sich immer an den Blatträndern. Die hier auf der Concavseite in Menge vorhandenen Perforationen lassen das Wasser in die Capillarräume austreten, welche durch die Berührung der Blattränder entstehen. Von dort wird das Wasser durch die Poren der Convexseite des höher inserirten Blattes aufgenommen, um in diesen in der bezeichneten Weise weiter befördert zu werden.

Das in der Rinde des Zweiges emporgesogene Wasser erreicht die Spitze des Astes früher als dasjenige, welches seinen Weg durch die Blätter nimmt. Die hier dicht zusammenliegenden Blätter und die Räume zwischen ihnen saugen sich voll, und es beginnt nun auch von hier aus eine Wasserbewegung durch die Blätter nach der Astbasis hin, so dass die Lösung, welche diesen Weg nahm, an einer beliebigen Stelle mit derjenigen zusammentrifft, welche sich direkt durch die Blätter bewegte. Dies war der bei weitem häufigere Fall. Nicht selten aber versagte, aus nicht immer bekannten Gründen, die Rinde den Dienst. Dann wanderte das Wasser durch die Blätter, und die Rinde wurde erst langsam von der Spitze und der Basis aus mit Wasser versorgt. Etwas Wasser gaben auch wohl einzelne Blätter direct an dieselbe ab.

Blätter, die auf irgend eine Weise die Fühlung mit ihren Nachbaren verloren hatten, wurden nur langsam, oft überhaupt nicht nass. Die Erklärung dafür giebt die bekannte Vertheilung der Poren in den Zellen der Blattbasis.

Sind die Zellen eines Astes mit Wasser gefüllt und lässt man dann eine Farbstofflösung an denselben treten, so sieht man eine ähnliche Bewegung des letzteren wie bei *Hypnum purum*. Durch weiteren Zusatz kann man schliesslich die sämmtlichen von den Blättern gebildeten Hohlräume füllen. Hier treten also die einzelnen Blattzellen nicht in Thätigkeit. An den Pflänzchen, welche ich aus natürlichen, wassererfüllten Rasen herausnahm, fand ich bei sofortiger Untersuchung nur die Blattzellen gefüllt, fast niemals Wasser zwischen den Blättern, woraus zu schliessen ist, dass die eben beschriebene Bewegung von

Flüssigkeit im Freien nur selten, nämlich bei sehr starker Wasser-zufuhr eintritt.

Die Leitung von der Spitze des Zweiges zur Basis erfolgt mutatis mutandis ebenso wie in umgekehrter Richtung.

Anliegende und abstehende Aeste verhalten sich nicht wesentlich verschieden, doch kommen in den ersteren, weil die Blätter schmäler und länger sind und dichter auf einander liegen, diejenigen Capillaren etwas mehr zur Geltung, welche sich z w i s c h e n den einzelnen Blättern befinden.

Bringt man eine ganze Pflanze in die Lösung, so sieht man das Wasser in der Hülle anliegender Aeste aufsteigen, und sich von da in die abstehenden verbreiten.

Wenn einige Astbüschel entfernt wurden, so dass der Zusammen-hang der Hülle rings um den Stamm unterbrochen war, so vertrock-neten die oberen Theile des Pflänzchens in der Regel nicht, z. B. blieb ein so behandeltes Exemplar in Wasser gestellt länger als eine Woche frisch, ein Beweis, dass die Leitung auch durch die Rinde vermittelt wird, was bei dem bekannten Bau derselben nicht überraschend ist.

Die Wasserleitung gestaltet sich danach bei *Sphagnum cymbi-folium* folgendermassen: Das Wasser wird theils von der Rinde, theils von den anliegenden Aesten emporgehoben und geht aus dieser wasser-getränkten Hülle des Stammes in die abstehenden Zweige über, wobei die einzelnen hyalinen Zellen eine sehr wesentliche Rolle spielen.

Diese Anpassungen finden wir bei den übrigen von mir untersuchten Torfmoosarten nicht in derselben Vollkommenheit wieder.

Bei *Sphagnum squarrosum* ist die Deckung der Astblätter regel-mässiger als bei *Sphagnum cymbifolium*, im übrigen werden durch die Blattlage ebenso Capillarräume hergestellt, wie bei *Hylocomium loreum*. An den abstehenden Zweigen liegen die Poren in weitaus überwiegender Menge auf der Convexseite der basalen Blatthälfte; oberhalb der Stelle jedoch, an welcher die Blätter die für *Sphagnum squarrosum* so charakteristische Knickung nach aussen zeigen, findet sich die Mehrzahl der Löcher auf der Concavseite. Bestimmte Ein-richtungen zur Erleichterung des Uebertritts von Flüssigkeit aus einer hyalinen Zelle in die andere sind hier nicht vorhanden. Zwar liegen Poren an beliebigen Stellen einander gegenüber, doch wölben sich die Zellen nicht so weit vor, als bei *Sphagnum cymbifolium*, und ein Blick auf den Querschnitt (Fig. 8) zeigt, dass an solchen Stellen der Uebertritt von Wasser jedenfalls weit schwieriger ist.

Die Blätter der herabhängenden Aeste haben keine zurückgebogene Spitze und die Oeffnungen sind gleichmässiger über beide Seiten des Blattes vertheilt.

Die Rinde des Stammes, deren Zellen mit einander nicht communiciren, ist nur schwach entwickelt[1]). An den Zweigen finden sich zwischen den grossen farblosen Zellen noch grössere flaschenförmige[2]) eingestreut, welche an ihrem, der Spitze des Zweiges zugekehrten Ende mit einer Oeffnung nach aussen versehen sind. Auf Querschnitten erkennt man, namentlich nach Färbung der Membranen mit Fuchsin, dass vorzugsweise die Querwände der flaschenförmigen Zellen kleine Oeffnuungen besitzen, die nicht mit einem Verdickungsring umgeben und offenbar durch Resorption der Zellhaut entstanden sind. Nicht selten liegen mehrere derartige Oeffnungen unregelmässig und in ungleicher Grösse nebeneinander.

Beobachtet man nun Aeste in der bei *Sphagnum cymbifolium* beschriebenen Weise, so findet man, dass das Wasser sich nicht durch die einzelnen farblosen Zellen bewegt, wie im ersten Falle, sondern zwischen den sich deckenden Blatträndern aufgesogen wird und eine Curve beschreibt wie bei *Hypnum purum*.

Man kann mit Hülfe von Carmin leicht constatiren, dass innerhalb der hyalinen Zellen keine Flüssigkeit aufsteigt. Eine Bewegung ist in denselben nur in sofern vorhanden, als von den zuerst versorgten Blatträndern aus Wasser in die farblosen Zellen durch die Poren übertritt, häufig aber bleiben einzelne Theile, z. B. mit Vorliebe die Blattspitzen an den abstehenden Aesten trocken, was zur Genüge beweist, dass die Leitung von Zelle zu Zelle hier eine sehr beschränkte und für die Wasserversorgung der ganzen Pflanze ohne Bedeutung ist. Sobald man bei diesen Versuchen viel Wasser verwendet, werden die grossen Capillarräume ganz gefüllt, das Wasser eilt aber an den Berührungsstellen der Blattränder voraus.

Entfernt man einige Blätter rings um den Ast oder einige Zweigbüschel vom Stamm, so gelangt das Wasser nur bis an die entblösste Stelle.

Auch hier ist die Wasserbewegung in beiden Richtungen sowie in abstehenden und anliegenden Aesten nicht verschieden. Die hyalinen Zellen leisten bei dieser Species immerhin einiges für die Wasserleitung, haben aber im Wesentlichen die Rolle von Wasserreservoiren; dem gleichen Zweck dient die Rinde von Stamm und Ast. Die flaschenförmigen Zellen bilden noch besondere Organe für die Aufnahme von Wasser, welches sich in den Capillarräumen zwischen Stamm und Blättern sammelt. Das letztere kann man freilich nicht beobachten, aber ich glaube, es bedarf keines weiteren Beweises.

---

[1]) Schimper, l. c. Taf. XVII. Fig. 10.
[2]) Daselbst Taf. XVII. Fig. 11.

Sphagnum contortum verhält sich im Grossen und Ganzen dem *Sphagnum squarrosum* ähnlich. Die grobe Saugung kommt hier noch mehr zur Geltung. Poren liegen in grosser Menge auf der Convexseite einander gegenüber, aber ein Uebertritt von Wasser ist hier noch mehr erschwert, als bei der vorigen Species, wie man aus dem Querschnitt (Fig. 9) sieht. Das Wasser bewegt sich wie bei *Hylocomium loreum,* da aber die hyalinen Zellen auf der Concavseite nur wenige kleine Perforationen besitzen, sieht man häufig, dass sie noch mit Luft erfüllt sind, während das Wasser schon bis in die Spitzen der Zweige vorgedrungen ist.

Sphagnum fimbriatum hat so kleine und so dicht gestellte Blätter, dass hier eine Wasserbewegung zu Stande kommt, wie sie für kleinblättrige *Hypnaceen* angegeben wurde.

In allen Fällen geschah die Leitung von der Spitze zur Basis des Stammes mit gleicher Schnelligkeit, wie umgekehrt.

Die Torfmoose zerfallen bezüglich ihrer Wasserleitung in zwei Gruppen, die eine, repräsentirt durch *Sphagnum cymbifolium,* bewirkt das Aufsteigen in dem feinen Capillarsystem, welches durch Communication der hyalinen Zellen entsteht, die andere Gruppe erreicht die Versorgung mit Wasser durch Aufsaugung desselben in die gröberen von den ganzen Blättern gebildeten Capillaren. Der letzteren Gruppe dürften alle Arten angehören, bei welchen die charakteristischen flaschenförmigen Zellen in den Aesten vorkommen, für eine Species, welche in ihrem sonstigen Verhalten mit *Sphagnum cymbifolium* übereinstimmt, in diesem Punkte aber abweicht, würden diese Zellen nutzlos sein.

Was über die Bedeutung der hyalinen Zellen bei *Sphagnum squarrosum* gesagt wurde, gilt für die ganze zweite Gruppe und in gewissem Sinne auch für die erste.

Formen von *Sphagnum cuspidatum* [1]) finden sich häufig in Wasser untergetaucht und zeigen an diese Lebensweise eine vollkommene Anpassung, die sich aus dem soeben Mitgetheilten sehr einfach erklärt. In Torfgruben, ganz freischwimmend, beobachtet man nicht selten einzelne Pflanzen von *Sphagnum cuspidatum* var. *plumosum Russow.* Diese Varietät zeigt einen Wuchs, der von dem bekannten Habitus der *Sphagna* erheblich abweicht [2]). Sämmtliche Aeste eines Büschels sind ausgebreitet, von einer Umhüllung des Stammes durch dieselben

---

[1]) Herr C. Warnstorf in Neuruppin hatte die Freundlichkeit, mir die genannten Formen zu bestimmen, wofür ich ihm hier meinen verbindlichsten Dank ausspreche.

[2]) Russow, Beiträge zur Kenntniss der Torfmoose, p. 60.

ist also nicht mehr die Rede. Die Zweigblätter sind weit von einander entfernt, sehr verlängert und von dunkelgrüner Farbe. Bei vielen Exemplaren fand ich nur in den untersten Blättern eines Astes noch hyaline Zellen, im übrigen bestanden die ersteren aus fast gleichartigen grünen Elementen [1]), wie jedes andere Moosblatt auch, jedoch liess sich erkennen, dass diejenigen Zellen, welche im normalen Blatt farblos sind, etwas weniger Chlorophyll enthielten, als ihre Nachbarn. Daneben gab es Individuen, welche die hyalinen Zellen noch besser erkennen liessen, sie entbehrten jedoch der Verdickungsfasern und zeigten Protoplasma mit einigen Chlorophyllkörpern. Bei den am meisten abweichenden Formen sind die Rindenzellen des Stammes und der Aeste mit Protoplasma versehen, die flaschenförmigen Zellen lassen sich nur noch andeutungsweise erkennen, Oeffnungen sind in ihnen nicht mehr vorhanden, dagegen führen sie Chlorophyll. Exemplare, welche dem typischen *Sph. cuspidatum* näher stehen, hatten grüne Rindenzellen, während die flaschenförmigen ihre ursprüngliche Gestalt bewahrt hatten. Zwischen diesen und normalen Formen lassen sich alle Uebergänge leicht verfolgen. Häufig findet man Pflänzchen, welche unten die unveränderte *Sphagnum*-Struktur, oben dagegen die genannten Abweichungen zeigen. Die Grenze zwischen den verschieden gebauten Partien ist ganz scharf und es ist sehr wahrscheinlich, dass die Pflanzen dadurch, dass sie ins Wasser geriethen, sich anders ausbildeten.

Es braucht kaum noch hervorgehoben zu werden, dass die Rückbildung der Wasser leitenden resp. aufsaugenden Organe eine Folge des Nichtgebrauchs derselben ist.

Die beiden Gruppen der Torfmoose differiren betreffs ihrer Wasserleitung weit mehr als *Sphagnum cymbifolium* und *Leucobryum* nebst Verwandten. Dem Stamm von *Leucobryum glaucum* fehlt eine ausgezeichnete Rindenschicht. Die Blätter, deren Bau dem der Torfmoose sehr ähnlich ist [2]), bestehen aus mehreren Schichten farbloser Zellen, die durch Poren allseitig mit einander in Verbindung stehen. Zwischen diesen liegen die grünen eingeklemmt in der Mitte (Fig. 12).

Mohls Angabe, dass die Wände der hyalinen Zellen nach aussen geschlossen seien, ist nicht ganz richtig. Allerdings sind die Oeffnungen, welche die Aussenwände der farblosen Zellen durchbrechen, nicht mit einem verdickten Rande umgeben wie die übrigen, sondern ihre Begrenzungen sind so zart, dass dieselben bei Untersuchung der Objecte im Wasser kaum sichtbar sind. Verhältnissmässig leicht treten

---

[1]) Russow, Beiträge zur Kenntniss der Torfmoose, Taf. III. Fig. 17.

[2]) Mohl, Ueber die porösen Zellen von *Sphagnum* l. c. p. 310. Taf. VI. Fig. 14. 15. 18.

sie hervor, wenn man die Membranen durch Einlegen in alkoholische Fuchsinlösung färbt. Dann erkennt man Oeffnungen, wie sie in Figur 10 dargestellt sind. Dieselben entstehen durch Resorption der Membran und zeigen bald unregelmässig viereckige, bald rundliche Umrisse. Im Querschnitt des Blattes bieten sie ein Bild wie in Fig. 12. 13. 14. Diese Oeffnungen liegen nun vorzugsweise an den Blatträndern (Fig. 11), auf beide Flächen des Blattes gleichmässig vertheilt. Da wo der Rand einschichtig ist, sind nicht selten beide nach aussen gelegenen Wände einer Zelle resorbirt (Fig. 15o). Die Poren reichen nur von der Basis bis zur Mitte des Blattes, soweit als die Ränder eventuell mit benachbarten Blättern in Berührung kommen können; nach der Spitze zu verschwinden sie fast vollständig.

Ausserdem liegen Oeffnungen über die ganze Blattfläche zerstreut, bald sind vereinzelte, bald Gruppen von Zellen mit ihnen versehen (Fig. 10). Auch hier ist der basale Theil des Blattes, soweit er mehr als zwei Zellschichten besitzt, entschieden bevorzugt. An Stellen, wo im Allgemeinen das Blatt zweischichtig ist, tritt mit Vorliebe Resorption der Wandung derjenigen Zellen ein, welche sich parallel der Blattfläche noch einmal getheilt haben (Fig. 13o). Doch kommen auch Fälle wie in Fig. 12 vor. Die Lage der Blätter ist derartig, dass die Ränder sich decken und mit einander in inniger Berührung stehen, während die übrigen Theile zweier Blätter weniger dicht an einander liegen; davon kann man sich leicht überzeugen, wenn man vorsichtig durch das ganze Pflänzchen Querschnitte macht.

Allerdings kann man wegen der dichten Blattstellung und der Dicke der Blätter nicht alles so gut verfolgen, wie bei *Sphagnum*, allein nachdem man hier die Vorgänge kennt, lässt sich schon aus den anatomischen Befunden der Weg des Wassers construiren. Ausserdem lässt sich noch folgendes beobachten: Lässt man den unteren Theil eines Pflänzchens von *Leucobryum glaucum* nur kurze Zeit mit der Anilinlösung in Berührung, so dass es sich ganz vollsaugen kann, und untersucht dann die einzelnen Blätter, so zeigen diejenigen, welche annähernd an der Grenze der benetzten und unbenetzten Theile stehen, sich blau gerandet, während die übrigen Partien noch trocken sind. Selbst Punkte, welche sehr nahe der Ansatzstelle des Blattes, aber in der Mitte desselben liegen, sind ungefärbt, während der Rand bis zur Spitze blau erscheint. Blätter, welche oben über den blau gerandeten stehen, zeigen nur farbige Pünktchen an den Stellen, an welchen sie das nächst untere berührten. Weiter unten liegende Blätter sind, je weiter sie von der Spitze des Stammes entfernt stehen, auch um so mehr gefärbt, die Benetzung schreitet von den Blatträndern nach der

Mitte vor. Mit dem Mikroskop kann man bei sofortiger Untersuchung constatiren, dass die hyalinen Zellen, welche nicht gefärbt sind, auch keine Flüssigkeit enthalten. Lässt man Wasser mit Carmin in die Pflanzen eintreten, so kann man an einzelnen günstigen Stellen sehen, wie die Körnchen von einer Zelle zur anderen durch die Poren hindurch wandern. In die Räume zwischen den Blättern sah ich niemals Wasser eintreten. In umgekehrter Richtung saugen die Pflänzchen das Wasser nicht erheblich langsamer und in ganz analoger Weise auf. Dass sich andere, *Leucobryum* nahe verwandte Moose, ganz ähnlich verhalten würden, war vorauszusehen. Es wurde zum Vergleich herangezogen eine im Strassburger Herbarium als *Octoblepharum cylindricum* bezeichnete Species. Der anatomische Aufbau derselben unterscheidet sich von *Octoblepharum albidum* kaum.

Das linealische Blatt (Fig. 17) von *Octoblepharum cylindricum* ist an seinem basalen Theile durch breite Flügel ausgezeichnet, welche ihre grösste Flächenausdehnung oben haben und sich nach der Blattbasis zu stark verschmälern. Auf der Oberseite ist es abgeflacht und zeigt im flügellosen Theil einen länglichen (Fig. 18), im geflügelten einen halbmondförmigen Querschnitt (Fig. 20. 21. 23). Die hyalinen Zellen sind gebaut wie bei *Leucobryum,* doch ist das Blatt aus 4 bis 8 Schichten solcher Zellen zusammengesetzt, zwischen denen die grünen eingeschlossen sind, wie das zur Genüge aus den Figuren hervorgeht. Die Blattflügel bestehen nur aus einer einzigen Schicht hyaliner Zellen, welche an der Verbindungsstelle der ersteren mit dem Blatt schmal und langgestreckt (Fig. 21 u. 22), in der Mitte von erheblich grösserem Durchmesser sind, um am Aussenrande wieder enger zu werden.

Die bei *Leucobryum* für die Aussenwände der Zellen beschriebenen Oeffnungen finden sich auch hier, aber mehr localisirt. Eine oft unregelmässig unterbrochene Reihe von Zellen mit derartigen Poren liegt an der Rückseite des Blattes nahe dem Rande (Fig. 19a) und verläuft an beiden Rändern von der Spitze bis ungefähr zum oberen Anfang der Flügel. Ferner sind fast sämmtliche Aussenwände der Zellen in der basalen Flügelhälfte durchbrochen (Fig. 22). Die nach der Spitze zu gelegene Hälfte der Blattflügel besitzt sehr dünne Membranen aber keine Oeffnungen nach aussen.

Die Blattstellung ist ziemlich dicht, die Flügel greifen vollständig übereinander und decken meistens die ganze Basis ihrer Nachbarblätter. An Querschnitten, welche man mit Hülfe von Paraffin durch das ganze Pflänzchen anfertigt, sieht man, dass die zwischen zwei aufeinander liegenden Blattflügeln befindlichen Capillarräume sehr eng sind und so ein Uebertritt von Wasser aus den Oeffnungen des einen Blattflügels in die des anderen sehr erleichtert ist. Ungemein häufig aber liegen die Poren verschiedener Blätter einander gerade gegenüber und so nahe, dass das Wasser aus einem Blatt in das andere gelangen kann, ohne in die zwischen denselben befindlichen Räume zu gerathen. Dass das Wasser wirklich den angedeuteten Weg nimmt, wurde in derselben Weise, wie bei *Leucobryum* nachgewiesen. An den höchsten noch benetzten Blättern waren nur die Blattflügel gefärbt. Da todte und lebende Moose nicht differiren, hielt ich es in Ermangelung von lebendem Material für unbedenklich, diese Versuche auch an Herbariumexemplaren anzustellen, nachdem dieselben durch Aufweichen in Wasser wieder in ihre ursprüngliche Form gebracht waren.

Bei *Leucobryum* hat ebenso wenig wie bei *Octoblepharum* der Stamm an der Leitung irgend welchen Antheil, in diesen Gattungen sowie bei *Sphagnum* fehlt auch jede Spur eines Centralstranges.

b. Innere Leitung.

In allen bis jetzt behandelten Fällen war die einzige für die Wasserleitung in Frage kommende Kraft die Capillarität; es war mit Sicherheit zu zeigen, dass sie allein die Wasserbewegung und Wasservertheilung bewirkt. Nicht so klar liegt die Sache bei den mit einem Centralstrang ausgerüsteten Formen.

Während meines Aufenthaltes im Forsthause (s. unten) hatte ich Gelegenheit, zu beobachten, dass auch die *Polytrichum*-Arten und *Mnium undulatum* direkt von Niederschlägen abhängig sind, wie viele andere Moose ohne Centralstrang. Ich fand nämlich Rasen von *Mnium undulatum* und *Polytrichum gracile,* welche an feuchten, der Thaubildung zugänglichen Orten wuchsen, in der Regel des Morgens mit Thau bedeckt. Nach dem Verschwinden der oberflächlichen Benetzung (meistens noch vor 10 Uhr Vormittags) richteten sich die Blätter auf (*Polytrichum*) oder kräuselten sich (*Mnium*), woraus zu schliessen ist, dass sie trocken wurden, um gegen Abend, wenn die Luft mit Feuchtigkeit annähernd gesättigt war, wieder turgescent zu werden. Gleichzeitig blieben lockere *Polytrichum*-Rasen am trocknen Waldrande tagelang ohne Turgescenz. Häufig fand ich, dass Pflänzchen, welche lose zwischen den Rasen steckten, des Abends fast gleichzeitig mit den übrigen ihre Blätter ausbreiteten, ohne dass äusserlich irgendwie Flüssigkeit sichtbar war. Man könnte danach geneigt sein, diesen Moosen eine starke Hygroscopicität zuzuschreiben, allein da die Atmosphäre, wenn ich dies beobachtete, mit Dampf fast gesättigt war, so ist es wahrscheinlicher, dass Thaubildung eintrat, die nur deswegen nicht beobachtet werden konnte, weil das niedergeschlagene Wasser von der Pflanze sofort aufgesogen wurde.

Dass die Transpiration sehr gering ist, und dass nur bei sehr feuchter Atmosphäre das den Stamm passirende Wasser die Pflanzen frisch erhalten kann, wurde schon oben nachgewiesen.

Aus der Thatsache, dass nur die mit gut ausgebildetem Centralstrang versehenen Moose überhaupt eine innere Leitung erkennen lassen, ferner daraus, dass die Stiele der *Sporogonien*, in denen nur eine innere Leitung denkbar ist, immer einen solchen führen, auch wenn er dem Stämmchen fehlt (z. B. *Hylocomium splendens*), wird man schliessen dürfen, dass der Centralstrang das wasserleitende Organ ist. Haberlandt hat, wie schon Seite 12 erwähnt wurde, in dieser Richtung Untersuchungen angestellt. Er giebt an, dass im Centralstrang von *Mnium undulatum* nur Wasser resp. Luft zu finden sei. Ich konnte dagegen an Exemplaren, die im Herbst untersucht wurden, Oelmassen und Ballen von Protoplasma als Inhalt der langgestreckten Zellen nachweisen. Dass das Oel zu anderen Jahreszeiten ganz fehlen sollte, ist kaum anzunehmen.

Haberlandt tauchte ein abgeschnittenes Stämmchen von *Mnium undulatum* mit der Schnittfläche in eine Eosinlösung und fand, dass dieselbe nur im Centralstrang emporsteigt. Wenn er aus der Schnelligkeit, mit welcher die Färbung fortschreitet, auf die Geschwindigkeit der Wasserbewegung schliessen will, so hat er vergessen, dass Farbstofflösungen darüber im Allgemeinen keinen Aufschluss geben können[1]. Hier ist das Verfahren um so fehlerhafter, da ja die Pflanzen während des Versuchs schon austrockneten. Hätte Haberlandt dieselben in eine Atmosphäre gebracht, feucht genug, um sie turgescent zu erhalten, er hätte ganz andere Werthe gefunden. Dass es ausserdem unrichtig ist, die Wege, welche das Eosin nimmt, ohne weiteres als die Wasserbahnen zu bezeichnen, geht daraus hervor, dass in Haberlandts Versuchen die Eosinlösung aus dem Centralstrang von *Mnium undulatum* in die Blattnerven überging. Die letzteren stehen aber mit dem Centralstrang nicht direkt in Verbindung[2]. Die Lösung musste also erst mehrere Parenchymzellen passiren, ehe sie an die Blätter kommen konnte und dürfte die ersteren getödtet haben, da ja fast regelmässig mit dem Eindringen derartiger Farbstofflösungen der Tod der Zelle erfolgt. Für die Wasserbewegung lassen sich daher aus diesen Versuchen durchaus keine Schlüsse ziehen. Dass eine Farbstofflösung nur im Centralstrange emporsteigt, konnte ich ebenfalls constatiren, aber es gelang mir nicht, dieselbe eindringen zu sehen, wenn ich ein

---

[1] Cf. Sachs, Arbeit. des botan. Instituts zu Würzburg 1878. II. p. 157.
[2] Lorentz, Vergl. Anatomie p. 28 u. 65.

verwelktes Pflänzchen unter der Flüssigkeit durchschnitt, wie dies Haberlandt angiebt. Das Misslingen des Versuchs wird auch erklärlich, wenn man bedenkt, dass durch das Austrocknen des Stengels der Centralstrang derartig zusammenschrumpft, dass man auf Querschnitten die Zellwände kaum erkennt und vom Zelllumen meistens keine Spur mehr sieht.

Aus den Versuchen geht wohl soviel hervor, dass der Centralstrang für Wasser eine bevorzugte Leitung besitzt; dass auch die langgestreckten Zellen in den Blättern besser leiten als das umliegende Parenchym, wird man nicht bezweifeln. Der Blattnerv muss aber das nöthige Wasser aus dem Parenchym des Stammes entnehmen. Dass im gegebenen Fall auch Wasser, welches auf die Blätter gelangt, von diesen absorbirt und im Blattnerven dem Stamm zugeleitet wird, ist nicht unwahrscheinlich.

Bei *Polytrichum* [1]) besteht der Centralstrang aus sehr verlängerten, stark verdickten Zellen und ist umgeben von einem Ringe langer dünnwandiger Gewebselemente. Der Ring wird wieder von parenchymatischen Zellen umschlossen, die für uns weniger in Betracht kommen. Die Blattspuren setzen aussen an den Ring an.

Auch hier muss ich den Angaben Haberlandt's bezüglich des Inhalts der dickwandigen Zellen widersprechen. Die mir vorliegenden Exemplare von *Polytrichum commune* enthielten sowohl in den Zellen des Centralstranges, als auch in denen des Ringes Fetttröpfchen meistens in nicht unerheblichen Mengen, daneben in irgend einem Theil der Zelle Protoplasma in Klumpen zusammengeballt. Ein zusammenhängender protoplasmatischer Wandbeleg liess sich in keinem Falle nachweisen. Ich halte das in sämmtlichen langgestreckten Zellen vorhandene Protoplasma für todt; das Verhalten der Zellen gegen Farbstoffe lässt das Gleiche schliessen.

Haberlandt giebt an, die Farbstofflösung steige im Centralstrang schneller, als im Ring und meint, der Centralstrang sei das wasserleitende, der Ring das eiweissleitende Organ. Schon nach den anatomischen Befunden bin ich geneigt, den Centralstrang und den umgebenden Ring nicht als zwei verschiedene Gewebesysteme, sondern als ein Ganzes aufzufassen, da die sie zusammensetzenden Zellen nur durch die verschiedene Verdickung ihrer Membrane und ihre Weite differiren, sonst aber in einander übergehen. Wäre ausserdem der Ring, wie Haberlandt will, ein eiweissleitendes Gewebe, so würde man die eigenthümliche Thatsache haben, dass die Blattspuren nur mit den eiweissleitenden, nicht aber mit den wasserleitenden Organen in Verbindung stehen.

[1]) Lorentz, Moosstudien, p. 18. Taf. IV. Fig. 1.

Dass Centralstrang und Ring für Wasser leicht durchlässig sind, konnte dadurch nachgewiesen werden, dass ich ein etwa 3 cm langes Stück eines Stammes wasserdicht in das fein ausgezogene Ende eines U förmig gebogenen mit Wasser gefüllten Glasrohres einsetzte und die Schnittfläche mit einer entsprechenden Vergrösserung beobachtete. Wurde an dem offenen Schenkel geblasen, so sah man das Wasser aus dem Centralstrang und aus dem Ring austreten, wobei die Bewegung in letzterem nicht schwächer war; wurde gesogen, so ging das Wasser in die betreffenden Zellen zurück. Auf dem übrigen Theil der Schnittfläche, also auch in den Blattspuren, war keine Veränderung wahrnehmbar. Dieser Versuch weist ebenfalls darauf hin, dass der Ring nicht als specifischer Eiweissleiter anzusprechen ist.

Bei *Polytrichum* tritt durch das Eintrocknen des Stammes ein Zusammenschrumpfen des Ringes ein, während die dickwandigen Zellen des Centralstranges ihre Form behalten; es beweist also nichts, wenn bei trocknen Pflänzchen die Lösung nur im Centralstrang aufsteigt.

Die Beobachtungen Haberlandt's mit Farbstofflösungen stimmen mit den meinigen wenig überein. Jedenfalls ist die Eosinlösung mit grosser Vorsicht anzuwenden. In abgeschnittenen Pflanzen von *Polytrichum commune,* deren Schnittflächen über Nacht in einer Eosinlösung gestanden hatten, waren nämlich auch alle Parenchymzellen roth und wahrscheinlich getödtet. Exemplare, die gleichzeitig in der Lösung von Anilinblau gestanden hatten, zeigten die Färbung des Parenchyms nicht, nur der Centralstrang war gefärbt, deswegen dürfte diese Lösung, wenn man einmal genöthigt ist mit einer Farbstofflösung zu arbeiten, den Vorzug verdienen. Stellte ich Pflanzen von *Polytrichum commune* abgeschnitten in die Anilinlösung, so zeigte sich allemal bei der Untersuchung des Querschnitts in Oel, dass die Zellen des Ringes etwas schneller leiteten, als der Centralstrang, die Membranen wurden sehr bald blau, nur in den obersten Zellen, welche sich schon mit Flüssigkeit gefüllt hatten, besassen die Wände noch ihr ursprüngliches Braun. Die Blattspuren zeigten in den obersten Querschnitten, bis zu welchen die Lösung aufgestiegen war, meistens keine Färbung, tiefer unten, selbst in geringer Höhe über dem Flüssigkeitsniveau, liess sich, in der Regel nur in einzelnen Blattspuren, eine solche erkennen und zwar waren diejenigen Zellen erfüllt, welche Lorentz als Centralzellen [1]) bezeichnet. An einzelnen Blättern, welche mit der Lösung in Berührung kamen, waren auch die Centralzellen, aber immer nur

---

[1]) Lorentz, Moosstudien, Taf. IV. Fig. 2. 3. 7. Ders., Abhandlungen der Academ. der Wissenschaften zu Berlin 1867. Taf. XV. Fig. 1., Taf. XIV. Fig. 14 u. 15.

die geringere Anzahl gefärbt. Wenn Haberlandt fand, dass die Blattspuren sich schneller färben als der Centralstrang, so möchte ich das der Wirkung des Eosins zuschreiben. Fuchsin tödtet die Zellen noch leichter als Eosin und färbt dann die Wände derselben. Wendet man diesen Farbstoff an, so kann man ohne Schwierigkeit die von Haberlandt beschriebene Erscheinung hervorrufen, aber auch hier erfolgt die Färbung ungleichmässig. Auf Längsschnitten sieht man, dass die Centralzellen Protoplasma führen, ob dasselbe aber lebend oder todt ist, ist schwer zu entscheiden. Ich bin geneigt auch in den Fällen, wo eine Blaufärbung der Centralzellen eintrat, anzunehmen, dass der Farbstoff das Protoplasma tödtete. Danach würde man sich vorstellen müssen — und das scheint mir das wahrscheinlichste — dass das Wasser im Ring und Centralstrang emporgehoben und dann auf osmotischem Wege weiter geleitet wird.

Offenbar aber dient der Centralstrang nicht allein der Wasserbewegung, das beweisen zur Genüge die Oelmassen, welche oft eine ganze Zelle verstopfen. Immerhin wird man ihn als ein unvollkommenes Wasserleitungsorgan auffassen können. Wie man sich die Bewegung im einzelnen zu denken hat, welche Kräfte dabei thätig sind, ist sehr wenig klar und es dürfte darüber auch kein Aufschluss zu erwarten sein, so lange man nicht Analoga kennt, denen auf einem anderen, als dem hier mit den Farbstofflösungen eingeschlagenen und fast allein möglichen Wege besser beizukommen ist.

III. Verhalten der Moosrasen zum Wasser.

Nachdem wir die Wasserbewegung im einzelnen Moospflänzchen kennen gelernt haben, erübrigt die Erledigung der Frage: wie gestaltet sich die Aufnahme und Abgabe von Wasser im Rasen und welches ist die Wirkung des letzteren auf das Substrat?

1. Wasseraufnahme.

Wenn man die Bedeutung des Aufsaugungsvermögens der Moose für den Waldboden im Auge hat, ist es wünschenswerth zu wissen, wieviel Wasser die Rasen im lufttrocknen Zustande aufnehmen können. Allein die lufttrocknen Moose enthalten immer noch eine gewisse Wassermenge, welche in Folge ihrer hygroscopischen Eigenschaften mit dem Feuchtigkeitsgehalt der Luft schwankt. Ausserdem ist wahrscheinlich, dass die hygroscopischen Eigenschaften lebender und todter Moose etwas verschieden sind; aus Feuchtigkeitsbestimmungen scheint mir wenigstens hervorzugehen, dass die todten Pflänzchen lufttrocken etwas weniger Wasser enthalten als die lebenden

Mit Rücksicht auf die wünschenswerthe Genauigkeit und auf den beabsichtigten Vergleich lebender und todter Moosdecken zog ich es daher vor mit Hülfe des Thermostaten das Trockengewicht bei 100—105° zu bestimmen, nachdem ich mehrere nebeneinander stehende Pflänzchen aus dem zu untersuchenden Rasen mit der Pincette herausgezogen und im frischen Zustande in einem mit eingeschliffenen Stöpsel versehenen Rohr gewogen hatte. Ueberall wo der Feuchtigkeitsgehalt angegeben ist, wurde das Verfahren angewandt. Meine Zahlen lassen sich daher nicht direct mit den von Ebermayer, Gerwig und Riegler gefundenen vergleichen.

Die Tödtung erfolgte dadurch, dass das Material entweder einen Augenblick in siedendem Wasser oder längere Zeit in Alkohol verweilte. Das heisse Wasser oder dasjenige, mit welchem der Alkohol aus dem Rasen ausgewaschen wurde, entzieht den Zellen gewisse Substanzen, es tritt daher ein geringer Gewichtsverlust ein, der wenigstens theilweise die Thatsache erklären dürfte, dass die für die getödteten Moose gefundenen Procentzahlen etwas höher sind als die für die lebenden.

Um das Aufsaugungsvermögen zu bestimmen, schlug ich folgenden Weg ein: Es wurden Moosrasen von etwa ½ qdm Oberfläche in Hälften getheilt, die sich bezüglich der Dichtigkeit, Höhe u. s. w. möglichst gleich verhielten. Die eine Hälfte wurde getödtet, beide Hälften ausgewaschen und die in den Rasen befindlichen Steinchen, Aststückchen und Coniferen-Nadeln herausgelesen, soweit das möglich war, ohne den Zusammenhang des Rasens zu stören, wie überhaupt sorgfältig darauf geachtet wurde, dass die einzelnen Stämmchen in ihrer Lage und Entfernung von einander keine Verschiebung erlitten.

Todte und lebende Rasen wurden zusammen in der Hand lose ausgedrückt und nun nebeneinander in ihrer natürlichen Lage in geradwandige Crystallisirschalen gesetzt, so dass das Gefäss durch die Rasen ausgefüllt war und dieser auch seine ursprüngliche Dichtigkeit behielt. Auf dem Boden der Schale befand sich ein ausreichender Vorrath von Wasser. Das Ganze wurde mit einer Glasglocke überdeckt und 24 Stunden sich selbst überlassen. Man darf annehmen, dass die Moose in dieser Zeit sich völlig mit Wasser sättigten, jedenfalls aber befanden sich todte und lebende unter völlig gleichen Bedingungen. Nach Ablauf der 24 Stunden wurde das im Rasen enthaltene Wasser bestimmt.

Wie aus den folgenden Tabellen hervorgeht, sind die Differenzen zwischen lebenden und todten Moosen durchaus unwesentlich.

Es absorbirten nämlich an Wasser, ausgedrückt in Procenten des Frischgewichts:

	lebend	todt	Durchschnitt aus
Sphagnum acutifolium .	94,8%	94,5%	5 Versuchen.
Dicranum undulatum . .	82,8%	81,1%	4 =
= *Scoparium* . .	77,5%	81,2%	1 =
Hypnum Schreberi . . .	88,5%	89,1%	3 =
= *cuspidatum*. . .	81,0%	86,2%	1 =
= *rugosum* . . .	75,6%	77,2%	1 =
Hylocomium loreum . .	75,7%	80,6%	1 =

Die für *Hypnum Schreberi* angegebenen Zahlen wurden bei Gelegenheit der Versuche über Austrocknung der Moosrasen gefunden (siehe unten). Ist somit die Uebereinstimmung in dieser Beziehung vorhanden, so kann es auch keinem Zweifel unterliegen, dass die Moose, mögen sie nun lebendig oder todt sein, in gleicher Weise das Wasser aufsaugen, wenn es als Regen- oder Schneewasser von oben auf sie gelangt, und, wenn sie damit gesättigt sind, es gleichmässig durchlassen. Das letztere geht auch hervor aus einem Versuch Riegler's [1]), durch welchen nachgewiesen wurde, dass in derselben Zeit durch einen lebenden gesättigten *Sphagnum*rasen 69,1%, durch einen todten 70,3% des auf dieselben gebrachten Wassers durchsickerten.

2. Verdunstung.

Nach den Versuchen (Seite 16), welche das gleiche Verhalten lebender und todter Moospflänzchen bezüglich der äusseren Leitung und der Verdunstung darthun, war anzunehmen, dass die Verdunstung von gleichen Flächen bei constanter Wasserzufuhr sich ebenfalls als übereinstimmend erweisen würde.

Ich liess nun, um auch diesen Nachweis zu liefern, Kästchen ohne Deckel und Boden von quadratischem Querschnitt aus dünnem Holz, 5 cm hoch und 5 cm breit, anfertigen. Gleichzeitig wurden Korkscheiben von etwa 10 cm Durchmesser mit einer viereckigen Oeffnung versehen, welche dem Querschnitt der Kästchen entsprach und die letzteren in diese Oeffnung hineingeschoben.

Wenn die Scheiben auf Wasser gesetzt wurden, war bei allen Exemplaren die Entfernung vom oberen Rande des Kastens bis zur Wasserfläche gleich.

---

[1]) l. c. p. 204.

Damit nicht Wasser in den Kork oder das Holz eindrang, wurden alle Theile mit Lack überzogen. Jetzt wurden gleichmässig dichte Rasen von den zu untersuchenden Moosen ausgewählt, die abgestorbenen Partien nebst den fremden darin haftenden Bestandtheilen entfernt und zwei gleiche Stücke, genau von der Grösse des Kastens hergestellt. Nachdem ein Stück getödtet war, wurde jedes in einen der letzteren eingesetzt, so dass er möglichst vollkommen ausgefüllt war und die obere Fläche des Rasens sich mit der Holzwandung annähernd in gleicher Höhe befand. Um das Herausfallen der Rasen zu verhindern, wurde die untere Oeffnung des Kästchens mit Leinen überspannt und der Kork dann in entsprechend grossen, geradwandigen Crystallisirschalen auf Wasser zum Schwimmen gebracht. Die freie Wasserfläche wurde mit einer Oelschicht überdeckt. Auch wenn das Wasser sich verminderte, blieben auf diese Weise die Rasen stets bis zur selben Höhe in Wasser eingetaucht.

Es wurden drei Paare solcher Apparate mit Rasen von derselben Species beschickt, gewogen und aus dem Gewichtsverlust die Verdunstung berechnet. Ein Apparat wog etwa 500 g und konnten die Wägungen auf 0,01 g genau ausgeführt werden. Statt der Crystallisirschalen kamen später Gefässe von Weissblech in der entsprechenden Form zur Anwendung, dieselben waren überall gut gelöthet, so dass keine Oxydation eintrat.

Die Beobachtungen wurden fünf Tage lang, Morgens und Abends ausgeführt, dann wurde der noch lebende Rasen getödtet und wieder seine Verdunstung bestimmt. Da die Apparate immer in demselben Zimmer aufgestellt wurden, dessen Feuchtigkeitsgehalt nicht erheblich schwankte, gestatten die hieraus für die Verdunstungsgrösse resultirenden Zahlen ebenso gut einen direkten Vergleich mit den für lebende Rasen gefundenen Werthen, wie diejenigen, welche durch die mit der an den lebenden gleichzeitige Beobachtung todter Rasen gefunden wurden. Unterschiede von einigen Procenten in der relativen Feuchtigkeit des Zimmers durften um so mehr vernachlässigt werden, als ein und derselbe Rasen bei völlig gleichem Wassergehalt der Luft oft Schwankungen der Verdunstung zeigte, die über die durch Feuchtigkeitsdifferenzen hervorgerufenen weit hinausgingen. Es durfte daher aus beiden nicht gleichzeitigen Beobachtungen todter Rasen das Mittel genommen werden.

Die Verdunstung von Wasser aus einem Rasen von 1 qdm Grösse betrug in einer Stunde:

	lebend	todt	relative Feuchtigkeit.
Hypnum Schreberi . . .	0,352 g.	0,352 g.	85%
Dicranum undulatum . .	0,816 g.	0,848 g.	60%
Sphagnum cymbifolium .	0,392 g.	0,364 g.	84%
Leucobryum glaucum . .	0,288 g.	0,300 g.	83%

Es muss in Betracht gezogen werden, dass die angegebenen Zahlen auch das Wasser einschliessen, welches seinen Weg aus dem Gefäss durch die Moosrasen in die Luft nahm, ohne mit dem Moose in Berührung zu kommen. Da jedoch nur verhältnissmässig dichte Rasen zur Verwendung kamen, ist diese Wassermenge jedenfalls äusserst gering.

Diese Beobachtungen hatten lediglich den Zweck, zu constatiren, dass auch im Rasenverbande todte und lebende Moose sich gleich verhalten. Wollte man etwa aus den gefundenen Zahlen noch weitere Schlüsse auf die Ausgiebigkeit der Verdunstung im Freien ziehen, so würden diese höchstens für *Sphagnum* richtig sein. Die untersuchten Arten kommen nicht an Localitäten vor, an welchen ihnen beliebig viel Wasser zur Verfügung steht, nur *Sphagnum* wächst da, wo es fast immer mit Wasser reichlich versorgt werden kann. Für letzteren Fall stimmen die Bedingungen, unter denen sich die Pflanzen während des Versuchs befanden, mit den natürlichen Verhältnissen annähernd überein.

Luftbewegung und Sonnenschein veranlassen aber draussen jedenfalls noch eine stärkere Verdunstung. Eine für die Wirksamkeit der *Sphagna* auf den Mooren nicht unwesentliche Thatsache geht aus Versuchen hervor, die mit denen an *Sphagnum* gleichzeitig angestellt wurden. Eine Wasserfläche von 1 qdm verdunstete nur 0,081 gr pro Stunde, also nur ⅕ von dem, was die Torfmoose an Wasser abgaben.

Für die Waldmoose weit wesentlicher ist die Frage, wie sich die Verdunstung bei mangelnder Wasserzufuhr gestaltet.

Da mir entsprechende Crystallisirschalen nicht zur Verfügung standen, liess ich runde Gefässe von Weissblech, 6 cm im Durchmesser, 6—7 cm hoch anfertigen und, um Rostbildung auszuschliessen, alle Schnittstellen gut verlöthen. In sechs derartige Gefässe wurden möglichst gleichmässige, gut gereinigte Rasen so eingesetzt, dass sie, ohne gepresst zu sein, an die Wände gut anschlossen, und die Hälfte der Blechdosen mit siedendem Wasser gefüllt, das jedoch nach etwa einer Minute durch kaltes ersetzt wurde. Auch in die Gefässe mit lebendem Rasen wurde Wasser gegossen. So blieben alle kurze Zeit stehen, wurden dann aber auf einem Haarsiebe umgekehrt und verharrten in dieser Stellung etwa 12 Stunden. In ihre natürliche Lage gebracht, wurden die Apparate gewogen und die Wägungen jeden Tag wiederholt, nachdem ich mich durch Feuchtigkeitsbestimmungen an einzelnen Pflänzchen, welche ich aus dem Rasen herauszog, überzeugt hatte, dass der Wassergehalt der Rasen in allen Gefässen annähernd gleich war.

Aus äusseren Gründen konnte ich die Versuche nicht fortführen bis alle Rasen lufttrocken waren. Als ich sie abbrechen musste, wurde der gesammte Inhalt der Gefässe im Thermostaten bei 100^0—105^0 getrocknet und dann gewogen.

Auf diese Weise bestätigte sich, dass der Wassergehalt der lebenden und todten Rasen beim Beginn des Versuchs der gleiche gewesen war.

Als die Rasen aus den Gefässen herausgehoben wurden, waren dieselben an den oberen Theilen völlig lufttrocken, während an den unteren Theilen schon durch das Gefühl eine erhebliche Feuchtigkeit zu constatiren war.

Die Resultate der Beobachtungen sind folgende:

Aus 1 qdm der 6 cm hohen Rasen von *Dicranum scoparium* verdunstete in einer Stunde

in der Zeit vom	lebend	todt	Die relative Feuchtigkeit betrug:
15.—22. August . .	0,281 g.	0,251 g.	82,7%
22.—29. ⹀ . .	0,168 g.	0,229 g.	81,3%
29. Aug.—5. Septbr.	0,339 g.	0,302 g.	78,6%
5.—12. Septbr. . .	0,125 g.	0,143 g.	83,5%
12.—19. ⹀ . .	0,139 g.	0,205 g.	77,4%
19.—26. ⹀ . .	0,081 g.	0,105 g.	79,6%
26. Septbr.—3. Oct.	0,055 g.	0,061 g.	82,3%
3.—10. Oct. . . .	0,056 g.	0,054 g.	78,7%
10.—13. ⹀ . . .	0,058 g.	0,037 g.	80,7%

Wassergehalt

am Anfang . . .	88,3%	91,0%
am Ende des Versuchs	28,8%	29,1%

Aus 1 qdm des 7 cm dicken Rasens von *Hypnum Schreberi* verdunstete pro Stunde

während der Zeit vom	lebend	todt	Relative Feuchtigkeit.
27. Aug.—3. Septbr.	0,462 g.	0,564 g.	80,1%
3.—10. Septbr. . .	0,261 g.	0,274 g.	81,5%
10.—17. = . .	0,205 g.	0,183 g.	79,1%
17.—24. = . .	0,150 g.	0,125 g.	78,5%
24. Septbr.—1. Oct.	0,102 g.	0,085 g.	81,3%
1.—8. Oct. . . .	0,079 g.	0,074 g.	79,4%
8.—13. = . . .	0,091 g.	0,089 g.	80,1%

Wassergehalt

am Anfang . . .	88,5%	89,1%
am Ende des Versuchs	53,2%	55,1%

Mit zwei todten und zwei lebenden Rasen von *Dicranum undulatum* wurde ebenso experimentirt, die lebenden waren nach 38 Tagen lufttrocken, die todten aber viel später. Die Erklärung dafür lieferte die Bestimmung des Trockengewichts, welche zeigte, dass die beiden todten Rasen erheblich dichter gewesen waren, als die lebenden. Die Tabellen zeigen allerdings keine vollkommene Gleichmässigkeit der Verdunstung des Wassers, im Grossen und Ganzen ist aber eine Uebereinstimmung zwischen lebenden und todten Moosen nicht zu verkennen, namentlich wenn man berücksichtigt, dass am Anfang und Ende des Versuchs der Wassergehalt keine Differenzen zeigt.

Ueber die Zeit, welche ein Moosrasen von bestimmter Dicke im Walde zum Austrocknen gebraucht, sagen die Versuche wenig aus, da die Bewegung der Luft, in lichten Beständen auch wohl Sonnenstrahlen, diesen Vorgang beschleunigen.

3. Wirkung auf das Substrat.

Will man sich über das Verhalten der lebenden wie der todten Moosdecke unter natürlichen Verhältnissen klar werden, so bleibt als einziger Weg die Beobachtung im Walde selbst. Das sicherste Mittel schienen mir Feuchtigkeitsbestimmungen an den verschiedenen in Frage kommenden Gegenständen zu versprechen. Da solche in verhältnissmässig grosser Anzahl gleichzeitig nöthig sind, hat das für einen einzelnen Beobachter seine Schwierigkeit, indess wurde der Versuch von mir gemacht.

Ich quartierte mich in einem Forsthause ein, das für meine Zwecke günstig gelegen war. 80 m vom Hause entfernt lag ein etwa 50jähriger Fichtenbestand mit einer dichten circa 4 cm dicken Moosvegetation, die auf Flächen von mehreren Quadratmetern nur aus *Hypnum Schreberi* bestand, und in einer Entfernung von 500 m ein lichter 40 bis 45jähriger Kiefernwald, gleichfalls am Boden mit 5 cm hohem Rasen von *Hypnum Schreberi* bewachsen.

Da auch hier ein Vergleich zwischen lebenden und todten Moosrasen beabsichtigt war, handelte es sich zunächst darum, in beiden Rasen einen wenigstens annähernd gleichen Wassergehalt herzustellen. Zu dem Zwecke suchte ich eine Stelle von $\frac{1}{2}-\frac{3}{4}$ qm Grösse aus, auf welcher die Moosdecke gleichmässig dick und dicht war, las Aststücke, Nadeln etc. so gut es gehen wollte heraus und hob 4—5 qdm grosse Stücke ab. Die Hälfte der losgelösten Rasen übergoss ich mit siedendem Wasser und breitete, nachdem die lebenden Moose in kaltem Wasser untergetaucht waren, alles in natürlicher Lage auf Weidengeflecht (in Ermangelung von etwas Besserem) aus. Die Rasen blieben so die Nacht über liegen, das überschüssige Wasser tropfte ab. Am anderen Morgen entfernte ich an einer geeigneten Stelle im Walde den vorhandenen Moosüberzug und bedeckte ein etwa $\frac{1}{4}$ qm grosses Stück des Bodens mit lebendem, ein gleiches mit todtem Moosrasen. Wenn man die Moosdecken aufnimmt, bleibt an der unteren Fläche derselben eine Schicht von Humustheilen haften, mit welcher die unteren Partien der Moospflänzchen in inniger Berührung sind; legt man später den Rasen wieder auf den Boden und drückt ihn lose an, so berühren die dem Rasen anhaftenden Theile die Bodenpartikelchen überall, und es unterliegt keinem Zweifel, dass eine ungehinderte Wasserbewegung aus der Erde in den Moosrasen und umgekehrt stattfinden kann. Neben den beiden bedeckten Stellen des Bodens blieb eine dritte Fläche frei von Moos. Alle drei Flächen lagen nebeneinander, so dass alle äusseren Einflüsse gleichmässig auf sie wirken konnten. Besonders wurde bei der Wahl des Platzes darauf gesehen, dass nicht einzelne Theile einer direkten Bestrahlung durch die Sonne ausgesetzt waren.

Nachdem so im Fichten- und Kiefernbestand je eine Versuchsfläche hergestellt war, wurde sogleich der Wassergehalt des lebenden und des todten Moosrasens, der Erde unter jedem Rasen und des unbedeckten Bodens bestimmt. Zu dem Zwecke wurden von mehreren nebeneinander stehenden Moospflänzchen die obersten Theile etwa 1 cm lang abgeschnitten, 1—2 g von der Oberfläche des unbedeckten Bodens und eine gleiche Menge von dem bedeckten unmittelbar unter dem aufgelegten Moosrasen weggenommen, indem der Rasen an einer Stelle etwas gehoben wurde.

Jede Probe wurde sofort nach ihrer Entnahme zwischen zwei genau auf einander abgeschliffene Uhrgläser gebracht, welche durch eine Messingklammer auf einander gehalten wurden und alle fünf Proben zusammen nach dem Forsthause getragen, wo in einem Zimmer Waage und Thermostat aufgestellt waren. Der Transport aus dem Walde, namentlich aus dem Kiefernbestande nach dem Forsthause, und die Wägungen nahmen immerhin einige Zeit in Anspruch, doch zeigte sich, dass mehrere Uhrgläser, die eine halbe Stunde mit den Proben gefüllt im Zimmer gelegen hatten, nicht merklich an Gewicht abnahmen. Nachdem die Uhrgläser mit den Proben gewogen waren, wurden die letzteren in Papierstückchen, deren Trockengewicht vorher bestimmt war, eingeschlagen, im Thermostaten bei 100^0—105^0 getrocknet und mit dem Papier in Glasröhren mit eingeschliffenem Stöpsel gewogen, bis ihr Gewicht constant war. Es zeigte sich jedoch, dass nach mehr als einstündigem Erhitzen im Thermostaten kein Gewichtsverlust mehr eintrat, welcher mit der von mir benutzten Waage (Wägungen bis auf 1—2 mg genau) hätte constatirt werden können. Deswegen liess ich später die Proben während der nöthigen Zeit im Thermostaten und wog dann nur einmal. Das Uebertragen der Proben aus den Uhrgläsern in das Papier ging ganz glatt und ohne Substanzverlust von Statten.

Die Fehler, welche dies Verfahren mit sich bringt, sind jedenfalls verschwindend klein gegen andere, welche durch das Material verursacht wurden, mit welchem gearbeitet werden musste. Da die beiden Versuche in den verschiedenen Beständen schon täglich zehn Wasserbestimmungen nöthig machten, war es unmöglich mehrere derartige Versuche nebeneinander anzustellen, aus denen man nachher das Mittel hätte nehmen können. Nun variirt aber der Wassergehalt im Moosrasen sowohl wie im Boden selbst an nahe zusammenliegenden Punkten nicht unerheblich. Noch grössere Fehler veranlasste der untersuchte Boden.

Derselbe bestand aus den Zersetzungsprodukten der darauf lagernden Moosvegetation und der *Coniferen*-Nadeln untermengt mit halbverwesten Gegenständen, grossen und kleinen Holzstücken etc. Dies alles war vermischt mit wechselnden Mengen Quarzsand. Je nachdem der eine oder andere Bestandtheil in den Proben vorwog, müssen die Resultate schwanken. Ich suchte das dadurch auszugleichen, dass ich die Proben möglichst an denselben Stellen des Bodens nahm, doch zeigen die folgenden Tabellen, die im übrigen ihre Erläuterung in dem eben Gesagten finden, dass auch damit die Schwankungen nicht völlig aufgehoben wurden.

1. Fichtenbestand.

	Wassergehalt				
	des lebenden	des todten	des Bodens		
	Moosrasens	unter dem lebenden Rasen.	unter dem todten Rasen.	ohne Bedeckung.	
11. Sept.	72,3%	76,3%	63,9%	64,3%	60,0%
12. =	59,1%	61,5%	63,3%	64,9%	59,4%
13. =	51,8%	52,4%	61,1%	62,7%	55,5%
14. =	48,5%	46,5%	58,8%	63,7%	42,2%
15. =	33,7%	32,9%	58,9%	53,8%	34,4%
17. =	36,5%	28,8%	58,4%	61,0%	33,9%
19. =	25,0%	35,8%	57,0%	62,0%	29,9%
21. =	32,7%	28,0%	61,2%	59,3%	30,5%

2. Kiefernbestand.

	Wassergehalt				
	des lebenden	des todten	des Bodens		
	Moosrasens.	unter dem lebenden Rasen.	unter dem todten Rasen.	ohne Bedeckung.	
14. Sept.	68,5%	70,2%	67,6%	68,5%	56,3%
15. =	37,8%	31,1%	63,0%	65,3%	56,2%
16. =	26,3%	25,2%	69,2%	64,6%	28,9%
17. =	38,0%	28,7%	59,6%	69,3%	30,2%
19. =	26,3%	14,7%	67,8%	66,3%	25,9%
21. =	28,3%	16,5%	64,8%	64,7%	23,9%

Die Beobachtungen konnten leider nicht fortgesetzt werden, da das Wetter sehr ungünstig wurde.

Erwähnen möchte ich noch einige Wasserbestimmungen, welche ich vor Beginn der angeführten Untersuchungen machte, um zu sehen, wie weit die für den Wassergehalt zweier benachbarter Stellen des Moosrasens oder des Bodens gefundenen Zahlen variiren können. Nach einem mehrstündigen, mässig starken Regen, der um fünf Uhr Morgens aufgehört hatte, prüfte ich um neun Uhr die Feuchtigkeit. Die Plätze, denen die Proben entnommen wurden, lagen kaum ½ m auseinander. Im Kiefernbestande ergab die eine Bestimmung für den Moosrasen 78,9%, die andere 80,4%, im Fichtenbestand die eine 78,7%, die andere 81,0%. Der Wassergehalt des Bodens unter diesem Rasen schwankte zwischen 64,7% und 70,5%, er betrug im Durchschnitt 66,9%; am Tage vorher an einer nur wenige Schritt davon entfernten Stelle 62,6% und am zweiten Tage darauf 68,0%. Auf der einen Seite geht daraus hervor, dass von dem Regen, wenn überhaupt, nur sehr wenig auf den Boden gelangt war, auf der anderen Seite ist klar, dass die Unterschiede, welche in den Tabellen zwischen den für lebende und todte Moose gefundenen Zahlen bestehen, durchaus unwesentlich sind.

Zur Controle für die Beobachtungen im Walde wurden drei Kübel mit feinkörniger Gartenerde angefüllt und in derselben Weise wie vorher der Waldboden halb mit lebendem, halb mit todtem 5 cm dicken Rasen von *Hypnum Schreberi* überdeckt. Durch das Auflegen der nassen Moose trat im Wassergehalt der Erde keine Erhöhung ein. Diese Kübel wurden in einem Zimmer aufgestellt und jeden dritten Tag Feuchtigkeitsbestimmungen in der bekannten Weise ausgeführt.

Es betrug der Wassergehalt

am	des lebenden Moosrasens.	des todten Moosrasens.	der Erde unter dem lebenden Rasen.	der Erde unter dem todten Rasen.
25. Sept.	74,3%	67,8%	12,7%	13,6%
1. Oct.	39,7%	38,1%	11,8%	11,9%
7. =	23,7%	21,8%	12,6%	13,4%
13. =	26,3%	23,9%	11,4%	11,9%

Trotzdem aus drei Bestimmungen das Mittel genommen wurde, sieht man, dass noch Unregelmässigkeiten vorkamen, die offenbar nur im Material lagen. Aus den beiden Untersuchungen geht hervor:

1. Lebende und todte Moosrasen verhalten sich auch in ihrer Wirkung auf das Substrat völlig gleich.
2. Der Moosrasen verhindert die Verdunstung irgendwie erheblicher Wassermengen aus dem Boden, so lange er selbst noch ein bestimmtes Wasserquantum enthält, während unbedeckter Boden sehr rasch austrocknet.
3. Er entzieht einem mässig feuchten Boden kein Wasser.

Auch bei diesen Versuchen waren die oberen Theile des Rasens lufttrocken, die Blätter ohne jede Turgescenz, während die unteren Theile
in ihren Capillarräumen noch soviel Wasser enthielten, dass ich es für
überflüssig hielt, die Differenzen mit der Waage nachzuweisen.

Schlussfolgerungen.

Diese Thatsache allein weist schon darauf hin, dass die gesammte
Moosvegetation des Waldes und der Moore ebenso wirkt, wie ein
Schwamm, den man auf dem Boden ausbreitet. Im vollen Umfange
wird das bewiesen durch die Uebereinstimmung im Verhalten lebender
und todter Moosrasen. Der Unterschied der lebenden Moosvegetation
von einem Schwamm oder Filz besteht nur darin, dass erstere sich
stets verjüngt, während die letzteren äusseren Einflüssen sehr bald
erliegen würden.

Betrachten wir die Thätigkeit dieses Schwammes auf dem Boden
des Waldes etwas näher, so ist klar, dass derselbe die Verdunstung
der Bodenfeuchtigkeit um so mehr hindern muss, je mehr er selbst
mit Wasser erfüllt ist, dass er aber auch dann seine Dienste noch
nicht vollkommen versagt, wenn er durchaus lufttrocken ist. Dass er
dem Boden nur solche Niederschläge direkt zu Gute kommen lässt,
welche ein bestimmtes Maass überschreiten, ist gleichfalls leicht einzu-
sehen und von Ebermayer und Riegler als ein Nachtheil für den
Boden öfter betont worden. Sie haben dabei vergessen, dass auch
geringe Niederschläge dem Boden indirekt zu Gute kommen, weil ja
für eine bestimmte nur in dem Moosrasen aufgenommene Wassermenge
dem Boden eine entsprechende, wenn auch nicht gleiche Menge erhalten
bleibt. Beim Beginn eines starken Regens lässt der lufttrockne Moosrasen sofort einen Theil des auffallenden Wassers durch [1]) und sättigt
sich erst allmälig mit demselben; auf diese Weise kann das Wasser
langsam in den Boden sickern. Aber selbst wenn der Rasen mit
Wasser vollkommen getränkt ist, bleibt immer noch der Filtrations-
widerstand, und die ganze zusammenhängende Moosdecke, die ja auch
mit dem Boden in inniger Berührung steht, bietet, namentlich an Bergab-
hängen dem abfliessenden Wasser ein erhebliches Hinderniss und giebt
dem moosbedeckten Waldboden einen sehr bedeutenden Vorzug vor
dem, welcher einer Moosvegetation (oder anderer Decken) entbehrt.

Die Wirksamkeit der *Sphagna* ist eine etwas andere. Im Gegen-
satz zu den Moosen des Waldes wachsen sie nur da, wo der Boden
mit Wasser stets übersättigt ist, ihnen steht dasselbe also fast immer

---

[1]) Cf. Riegler, l. c. pag. 206.

in beliebiger Menge zur Verfügung. Von diesem verdunstet aus einer Torfmoosdecke, ebenso wie aus einem Schwamm, mehr, als von einer gleich grossen Wasserfläche. Die Torfmoose verursachen also im gewissen Sinne eine Austrocknung der Moore. Ist die Verdunstung soweit vorgeschritten, dass der Boden kein Wasser mehr an die Moose abgiebt, was allerdings selten vorkommen dürfte, so schützt der *Sphagnum*-Ueberzug wiederum sein Substrat vor Austrocknung ebenso wie die Moosdecke den Waldboden.

Auch im Uebrigen gilt für die *Sphagnum*-Decke dasselbe, was eben für die Moosdecke des Waldbodens gesagt wurde, vielleicht noch mit der einzigen Ausnahme, dass die Torfmoose auch den Thau aufnehmen, was bei den Moosen des Waldes aus nahe liegenden Gründen nicht möglich ist.

Danach darf man passend die Moosvegetation bezüglich ihrer wasservertheilenden Leistungen sowohl auf dem Wald- wie auf dem Moorboden als einen, wenn auch unvollkommenen Regulator für die Feuchtigkeit des Bodens bezeichnen.

Erklärung der Figuren.

Tafel I. II.

Fig. 1—7. *Sphagnum cymbifolium.*

Fig. 1. Blattrand von der Concavseite gesehen (150/1).

Fig. 2. Zellen aus der Blattmitte, ebenfalls von der Concavseite (150/1).

Fig. 3. Stück eines Blattes von der Convexseite (150/1).

Fig. 4. Aus dem Querschnitt eines Blattes das Stück c d (Fig. 3) in der Richtung d c gesehen (235/1).

Fig. 5. Dasselbe in der Richtung c d gesehen (235/1).

Fig. 6. Aus dem Querschnitt eines Blattes das Stück a b (Fig. 3) (235/1).

Fig. 7. Ein ähnliches Stück des Querschnitts (235/1).

Fig. 8. *Sphagnum squarrosum.* Blattquerschnitt (235/1).

Fig. 9. *Sphagnum contortum.* Blattquerschnitt (235/1).

Fig. 10—16. *Leucobryum glaucum.*

Fig. 10. Zellen von der Oberfläche eines Blattes mit Oeffnungen (150/1).

Fig. 11. Blattrand mit Oeffnungen (145/1).

Fig. 12.
Fig. 13. } Blattquerschnitt, bei o Oeffnungen der hyalinen Zellen (150/1).
Fig. 14.

Fig. 15.
Fig. 16. } Querschnitt des Blattrandes (150/1).

Fig. 17—23. *Octoblepharum cylindricum.*

Fig. 17. Blatt (3/1).

Fig. 18. Querschnitt des flügellosen Theils des Blattes (35/1).

Fig. 19. Dasselbe (95/1).

Fig. 20.
Fig. 21. } Querschnitt des unteren geflügelten Theils des Blattes (150/1).

Fig. 22. Untere Hälfte des Blattflügels (150/1) (bei h. h. beginnt das Blatt).

Fig. 23. Querschnitt der oberen Flügelhälfte (95/1).

Curriculum vitae.

Geboren wurde ich, Johann Friedrich Oltmanns, am 11. Juli 1860 in Oberndorf als Sohn des Apothekers Friedrich Oltmanns und seiner Ehefrau Christine geb. Mühlenhoff. Bis zu meinem zwölften Jahre in einer Privatschule unterrichtet, besuchte ich seit Michaelis 1872 das Gymnasium Johanneum zu Lüneburg. Dasselbe verliess ich Ostern 1880 mit dem Zeugniss der Reife, bezog die Universität Jena und diente dort im zweiten und dritten Semester als Einjährig-Freiwilliger. Seit dem Wintersemester 1881/82 studire ich auf der hiesigen Kaiser-Wilhelms-Universität.

Meine Lehrer waren die Herren Professoren Häckel, Eucken, Gädcchens, Schäffer, Strasburger, Thomae in Jena; de Bary, Benecke, Fittig, Groth, Kundt, Laas, Liebmann, Rose, Schering, Schmidt, Steinmann, Wortmann, Zacharias in Strassburg.

Allen diesen meinen verehrten Lehrern, vor allen Herrn Professor de Bary spreche ich an dieser Stelle meinen wärmsten Dank aus für alle Belehrung und Anregung, welche sie mir haben zu Theil werden lassen.